十字路口的长城

——明中期榆林生态、战争与长城

赵现海　著

创于1897
商务印书馆
The Commercial Press

2018年·北京

图书在版编目（CIP）数据

十字路口的长城：明中期榆林生态、战争与长城 / 赵现海著. — 北京：商务印书馆，2018
（丝瓷之路博览）
ISBN 978-7-100-15820-6

Ⅰ.①十… Ⅱ.①赵… Ⅲ.①长城－历史－榆林－明代 Ⅳ.①K928.77

中国版本图书馆CIP数据核字(2018)第023277号

十字路口的长城
——明中期榆林生态、战争与长城
赵现海　著

商　务　印　书　馆　出　版
（北京王府井大街36号　邮政编码 100710）
商　务　印　书　馆　发　行
北京利丰雅高长城印刷有限公司印刷
ISBN 978－7－100－15820－6

2018年2月第1版　　开本 880×1230　1/32
2018年2月第1次印刷　　印张 9 5/8
定价：62.00元

编者的话

《丝瓷之路博览》是一套普及丛书，试图以引人入胜的方式向广大读者介绍稳定可靠的古代中外关系史知识。

由于涉及形形色色的文化背景，故古代中外关系史可说是一个非常艰深的研究领域，成果不易为一般读者掌握和利用。但这又是一个饶有趣味的领域。从浩瀚的大海直至无垠的沙漠，一代又一代上演着一出又一出的活剧。既有友好交往，又有诡诈博弈，时而风光旖旎，时而腥风血雨。数不清的人、事、物兴衰嬗递，前赴后继，可歌可泣，发人深省。毫无疑问，这些故事可以极大地丰富人们的精神生活。

本丛书是秉承《丝瓷之路》学刊理念而作。学刊将古代中外关系史领域划分为三大块：内陆欧亚史、地中海和中国关系史、环太平洋史。欧亚大陆东端是太平洋，西端是地中海。地中海和中国之间既可以通过海上丝绸之路，也可以通过草原之路往来。出于叙事的方便，本丛书没有分成相应的三个系列，但种种传奇仍以此为主线铺陈故事，追古述今。我们殷切希望广大读者和作者一起努力，让古代中外关系史的知识走进千家万户！

2012 年秋

明代榆林立体长城防御体系示意图

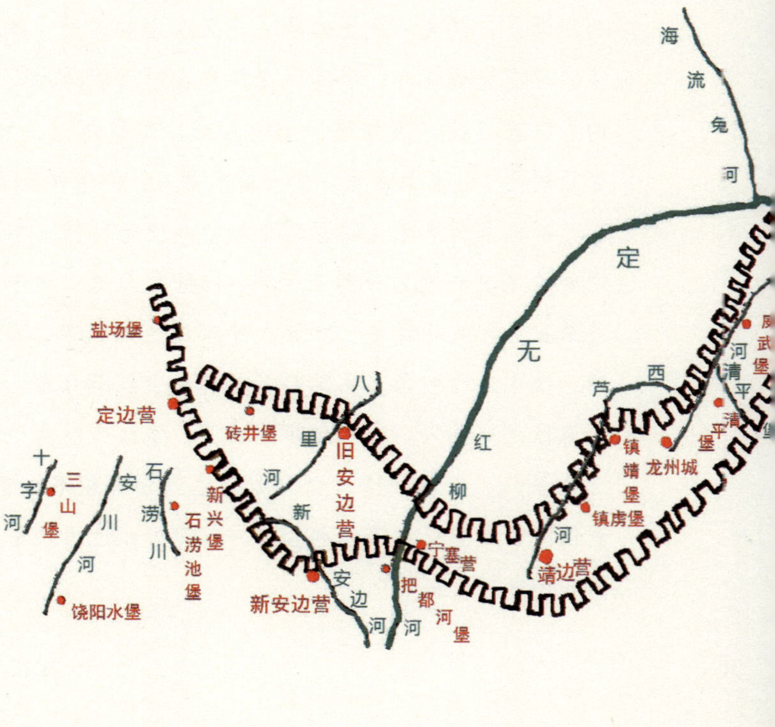

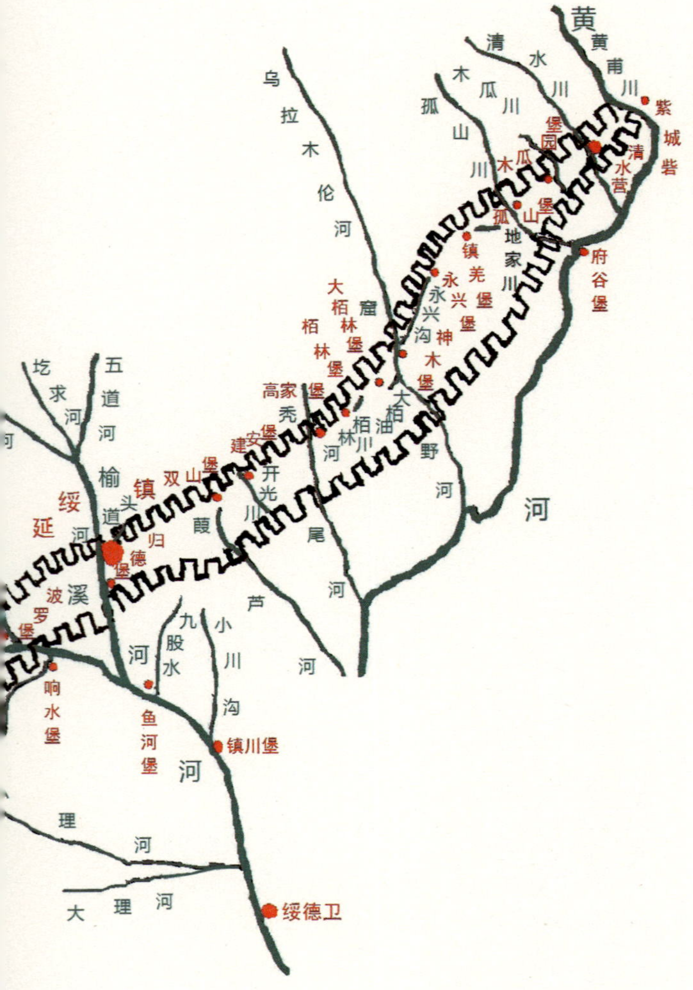

黄
黄甫川
清水川
木瓜川
孤山川
紫城砦
清水营
堡园
木瓜
孤山堡
镇羌堡
永兴堡
神木堡
府谷堡
地家川
乌拉木伦河
窟野河
永兴沟
大柏林堡
柏林堡
高家堡
大柏油
柏林川
秃尾河
建安堡
双山堡
开光川
河
屹求河
五道河
榆溪河
头道河
镇
绥延
归德堡
波罗堡
葭芦河
九股水
小川沟
响水堡
鱼河堡
镇川堡
河
理河
大理河
绥德卫

引　子

朱熹云："读史当观大伦理、大机会、大治乱得失。"作为世界历史上修筑时间最长、规模最大的军事工程，长城不仅影响了中国历史的整体进程，而且在一定程度上抵御了北方民族的进攻，促使北方民族不断西迁，从而影响整个亚欧大陆，乃至世界的历史发展。因此，长城是理解中国史，乃至世界史的重要视角。

对于长城的研究，也应从世界史的视野出发，克服身在此山中的局限，通过与其他文明的对比，审视长城所反映的中华文明的独特内涵，揭示其对于中国历史道路的整体影响，以及所造成的与世界其他文明的历史分途。

本书尝试从蒙古帝国瓦解的时代背景出发，审视在世界近代史开启之初，亚欧大陆各文明竞逐扩张之时，明代中国却在疆域政策上选择了背道而驰的保守、内敛立场，大规模修筑长城。这虽在一定程度上有效遏制了蒙古的军事威胁，却无法主动解决蒙古问题，反而长期加剧了北方社会的军事负担，成为明朝灭亡的重要因素，因此在文明发展的十字路口，形成了与亚欧大陆其他文明的历史分途，由此可将明代中国称作"明长

城时代”。

在“明长城时代”中，明中期榆林长城的修筑，是一个承上启下的关键点。大体与西欧开启“大航海时代”，开始世界扩张的同一时期，明朝在榆林修筑长城，引领了明中后期大规模修筑长城的历史潮流。而明朝的最终灭亡，也直接源于陕北地区的军民叛乱。本书从“长城区域史”视角出发，借助文献梳理与田野考察，审视围绕榆林长城修筑所形成的生态、经济、政治、军事、社会、文化等多种因素的历史关联，尝试以之为个案，揭示“明长城时代”的深层驱动与深远影响。

长城不仅在中国本土长期获得广泛关注，而且在世界范围内被视为中国历史与文化的象征。在近代中国屡遭外敌入侵的国难背景下，长城成为中华民族抵御外辱的精神图腾与国家象征。虽然长城在中国，乃至全世界拥有崇高的地位，但由于自然与人为的原因，却长期遭到侵蚀与破坏，损失惨重。保存还是毁灭？长城的命运正处于一个十字路口。如何让长城免遭进一步的破坏，避免灭亡的命运，是我们这个时代的历史使命。本书结合考察所见，提出对长城整体保护的理念，期望能对未来的长城保护产生推动作用。

目 录

第一章

14世纪的文明分途与近代史的开端

一场暴风雨的到来，在洗涤一个旧世界的同时，也冲刷出一个新世界。蒙古帝国的兴亡皆具有这种历史意义。由于亚欧大陆是世界古代史的核心地区，13—14 世纪蒙古帝国在亚欧大陆东、中部的迅速崛起与旋即覆灭，都刮起了世界历史上的巨大旋风，具有影响世界历史全局的意义。蒙古帝国的扩张，打通了亚欧大陆文明之间的地理分隔，真正的“世界史”开始出现。随着这一庞大帝国的瓦解，亚欧大陆各文明并未退回到原来的区域空间，而是凭借蒙古帝国打开的广阔视野，借助吸收、整合其他文明因素而焕发出历史活力，踏上充满未知，充满风险，而又机遇无限的历史征途，掀起了近代时期各文明竞逐扩张的历史潮流，世界近代史由此开端。

第一节　世界近代史的开端

蒙古帝国崛起之时，蒙古骑兵以其巨大的军事技术优势，迅速占领、控制了亚欧大陆的大部分地区，摧毁了农业地带固有的文明体系，打破了几个世纪以来，由“伊斯兰扩张”而造成的亚欧通道被阿拉伯商人所垄断，亚欧大陆两端难以交流往来的历史格局，极大地促进了亚欧大陆的商业交通与文明交流，改变了亚欧大陆的传统格局与历史面貌。但蒙古由于文明形态较为落后，无法充分整合亚欧大陆各文明体系，推动世界秩序向着一体化格局持续前进。历史重担只能再次由一直在世界历史中扮演主导角色的农商文明来承担。

14世纪，一场大规模的灾荒侵袭了亚欧大陆，令人闻之色变的瘟疫更是弥漫于这一世界历史的核心地带。在遭受自然环境的打击之后，蒙古人与被征服者之间的矛盾进一步加剧与激化。伴随着窝阔台汗国、察合台汗国、伊利汗国三大汗国政权的分裂、瓦解甚至垮台，金帐汗国势力也已仅限于俄罗斯诸公

国，不再具有世界史意义，尤其是宗主国元朝被长城以内的汉族政权明朝逐回草原，控制亚欧大陆百余年的蒙古帝国的世界秩序就此轰然倒塌。一种主导性文明的覆灭，往往为下一个更为辉煌的文明的到来提供了广阔空间。蒙古帝国的解体，使世界历史站在了十字路口上，未来的世界向何处发展，何种文明将会崛起，成为未来世界的主宰？

蒙古帝国解体后，亚欧大陆各文明站在了同一起跑线上。西欧基督教文明解除了蒙古帝国的威胁，东欧东正教文明，西亚、中亚伊斯兰文明，东亚中华文明都掀起了民族独立潮流，并将本土文明与蒙古帝国带来的新因素相结合，在吸收了新的历史营养后，创造出更具活力、更为辉煌的新文明，且皆努力填补蒙古帝国留下的权力空缺，亚欧国际秩序从而呈现多种文明复兴、扩张与竞争的历史趋势，这一历史趋势主导了七百年来世界历史的基本线索，塑造了近代世界的基本格局，从而开启了近代世界的历史进程。因此，世界近代史的开端应始于蒙古帝国宗主国元朝的灭亡，即 1368 年。以往将西欧“大航海时代”的开启视作世界近代史开端的观点，显然是一种从结果倒推原因、以成败论英雄的“事后诸葛亮”的现象，而未考虑正是 14 世纪以来三种文明的相互博弈，才造成了西欧的异军突起，是亚欧大陆各文明的合力，而非基督教文明的独力，形塑了世界近代史。

蒙古帝国解体后，西欧在蒙古帝国所带来的中国科学技术的推动下，在其对于海洋空间天然兴趣的促使下，开启了“大航海时代”，在14—17世纪，掀起了以欧洲为中心的单向全球化进程，成为近代世界的历史推动者与主宰者。在东欧平原上，罗斯民族建立了长期分裂的诸公国，钦察汗国（金帐汗国）的军事征服，不仅首次结束了罗斯诸公国的分立局面，而且给当地政治带来了威权制度。14世纪，莫斯科公国在继承蒙古广阔疆域视野与政治威权制度的同时，逐渐挑战金帐汗国的统治，通过扩张、兼并，迅速崛起，疯狂地将势力在整个欧亚内陆扩张开来，在一个小公国形成了崭新的俄罗斯文明。从地理位置、疆域观念、扩张方式等方面来看，俄罗斯文明在一定程度上是游牧民族在近代世界的继承者。参照“大航海时代”概念，可将俄罗斯这一时期的历史称之为“俄罗斯崛起”。蒙古帝国解体后，伊斯兰文明同样将伊斯兰教“圣战”意识与游牧民族骑战风气相结合，奥斯曼帝国、帖木儿帝国及其后裔在欧亚非积极扩张，不仅攻占了基督教文明在东方的象征——君士坦丁堡，而且向东进入中亚、东南亚，奠定了当今伊斯兰文明的势力版图，可称之为“伊斯兰扩张”。

与之相似，长城以内所建立的新政权——明朝，虽以“驱逐胡虏，恢复中华”为政治口号，在政权脉络上，自觉继承华夏传统，标榜“法体汉唐，参以宋典”，但在边疆立场上，却

具有收复元朝旧疆的历史意味，这主要表现在对东北亚、南方边疆与青藏高原的经营。不仅如此，蒙元帝国从阿拉伯地区获得的世界地图，尤其是海路地图，极大地扩大了中国人的地理视野，推动了明代官方以郑和下西洋为代表的朝贡贸易体制向东南亚、南亚海洋世界的空前伸展，民间以“下南洋”为名目，在宋元基础上与东南亚海外贸易的空前展开，是明代中国重建中华亚洲秩序的历史新内容。

但另一方面，与这一时期基督教文明、俄罗斯文明、伊斯兰文明国家、社会整合一体、向外扩张不同，明代中国在对外取向上呈现国家与社会分离的历史态势。在商品经济逐渐发达的经济趋势下，在南宋以来远洋贸易历史传统下，明代中国民间社会一直具有自发地、积极地固定控制南洋甚至远洋航行的内在驱动力。但与这一时期基督教文明、俄罗斯文明、伊斯兰文明国家大力支持民间类似行为的做法不同，明朝国家在拥有当时世界上堪称最强的军事、经济实力的情况下，对于西北陆疆开拓与东南海疆经略皆缺乏持久的兴趣，在一度的永乐边疆扩张后，很快便收缩了回来，对外关系满足于传统的朝贡贸易，在政治上维持“天下共主”的名义地位。其封闭观念显著地体现于在北部边疆最后一次大规模修筑长城，并在东部沿海同样大规模构建长城防御体系。随之而来的，不仅是由于军事主动权丧失而导致的边疆防线不断内缩，而且由于长城吸纳了

国家的大部分财政与主要的政治关注，在军事、财政、政治等层面对明代中国历史进程形成了整体性影响。明朝由此不仅再次丧失了对内亚东部（长城以北）地区的控制，而且被来自这一地区的女真人摧毁了政权，从而呈现了与基督教文明、俄罗斯文明、伊斯兰文明截然不同的历史走向，并在一定程度上成为近代中西社会历史的分水岭。若与“大航海时代”、“俄罗斯崛起”、“伊斯兰扩张”相对比，可将明代中国的历史称之为“明长城时代”。

第二节　长城的问号

在世界历史抉择的十字路口，明朝为何做出这种内向、保守的选择？修长城又对中国、世界历史进程具体产生了什么影响？这显然是理解世界近代史的核心问题之一。每当人们站在高耸巍峨、延入天际的长城之上，由衷地感叹古人伟大的同时，往往也会随之产生疑问："为什么修长城？长城有用吗？修长城是功还是过？"其实，类似的疑问，古人在修筑长城时也曾有所感发，甚至开展激烈讨论。

河北迁西县榆木岭长城（1）（2010 年摄）

河北迁西县榆木岭明长城（2）（2010 年摄）

八达岭水关长城（2006 年摄）

修长城在中国古代是大事件，因为长城不仅事关边防成败，还同样关系国家兴衰。中国古代政权建立在农业经济之上，不仅财政收入有限，不得不实行“量入为出”的紧缩财政政策，而且农业生产需要稳定的社会环境，因此中国古代政权对征发劳役一向十分慎重。中国古代政权提倡“轻徭薄赋”的经济政策，根源便在于农业经济的脆弱。而修筑长城，不仅工程量大，而且需要征发民力，从根本上对中国古代政权的基本国策构成了挑战。因此，中国古代政权在修筑长城时，都要在军事收益与经济支出之间，或者说在边防与内政之间，进行充

分斟酌与权衡，才能做出最终的决定。

这一现象在明代成化时期修筑榆林长城时，表现得十分明显。正统以后，蒙古势力开始进入河套地区，直插明朝西北内地，造成西北边疆处于动荡、纷扰的困境。围绕如何解决河套问题，明朝大体形成了两派：一派以主持军务的兵部及武将为代表，主张扭转不断退缩的边疆态势，主动出击，收复河套，时人称之为“搜套”。另一派以主管全国财政的户部、肩负西北社会安定的巡抚为代表，主张延续明前中期的边疆内缩政策，放弃对河套的控制权，在河套南缘修筑边墙，从而保障陕北地区的经济生产与社会稳定。围绕“搜套”和筑边，成化朝野一时掀起了巨大的政治争论。而最终的结果是，在“搜套”取得一定战果，蒙古势力暂时退出河套后，在西北财政危机与社会动荡的压力下，明廷在榆林大规模修筑边墙，构建了榆林长城防御体系，从而延续了明前中期以来的边疆内缩趋势。

榆林长城的修筑，不仅是明代边疆内缩潮流中的一个环节，而且对后世起到了很强的示范意义，引领了明中后期大规模修筑长城、边疆进一步内缩的历史潮流，是“明长城时代”的关键点。在明朝步步退缩的地缘格局下，蒙古、女真逐渐获得越来越广阔的生存空间，相对明朝的战略优势也越来越明显，双方在长城沿线开始了持久的战争。在这种状态下，长城边疆长期处于战争频仍、财政危机的社会形势之下，民众也逐

渐被吸纳进入与军事相关的社会组织，甚至进入军队之中，长城边疆地带从而逐渐形成高风险的“军事化”社会。明末长城内外、一东一西，分别由军民组成的陕北军事化社会，与由女真、汉人组成的辽东混合族群社会，成为长城边疆的边际群体，内外夹击，共同撼动了明朝的帝国秩序。

历史就是这样的充满吊诡，在阿拉伯人控制东方海路的情况下，西欧开始寻找新的航路，最终因祸得福，突破历史的枷锁，闯出了全新的历史天地。而明朝在蒙古的压力下，逐渐习惯了在长城阴影下因循维持。在世界文明发展的十字路口，中国与西方选择了不同的历史方向。世界文明的曙光最终在西方，而不是东方升起。贫弱的西欧凭借几条小船开辟了历史的未来，而强大的中国却在蜿蜒长城的“溺爱”下逐渐沉沦。

第三节 “长城区域史”的提出

对于明中期榆林长城修筑的研究，本书尝试采取“长城区域史”的研究模式。

长城是世界历史上修筑时间最长、规模最大、影响最巨的军事工程，对中国历史、世界历史皆形成了长期性、结构性影响。贯穿中国北部的广阔的长城边疆一直处于中原王朝与北方民族政权对峙、拉锯地带，并未长期、固定地归属于其中任何一方，相对于中原腹地、内亚腹地，在生态环境、经济方式、社会结构、文化面貌，以及由此而导致的历史道路方面，都是独具特色的地理空间。可见，长城无论从历史内涵，还是地理空间而言，都是中国古代历史上既具重大影响力又具长期独立性的历史主体。因此，可以将长城边疆视作相对独立于中原腹地、内亚腹地的区域空间，即“长城区域”。从“长城区域”出发，审视其对于中国历史，乃至世界历史的影响的研究范式，可称之为“长城区域史”（the Regional History of the Great Wall）。

“长城区域史”研究范式，分为两个层次：一是从整体上审视长城区域对于世界历史、中国历史的影响；二是进一步将长城区域细化，审视某一长城区域社会对于中国历史的影响。“长城区域史”倡导利用包括政书、文集、方志、舆图、家谱、碑刻、壁画、传说等一切有关资料，从区域史的角度，考察某段包括边墙、镇城、营堡、城寨、墩台等在内的长城设施与地理环境、军事能力、国家政治、经济财政、周边社会、文化传统的互动关系，弥补以往长城研究局限于军事防御的不足，全方位揭示长城与中国北方社会的历史关系，并进一步将其置于中国史乃至世界史视野之下，审视这种历史关系对于中国史乃至世界史整体进程的历史影响，从而构建长城史的全息图景。在此基础上，突破当前长城保护局限于军事设施的瓶颈，倡导对长城军事设施、生活聚落、社会族群、文化传统的整体保护，从而竭力保存与长城有关的一切历史遗产。“长城区域史”研究模式的最终目标，是在对不同时期、不同地区长城具体研究的基础上，加以整合，建立具有中国本土特色的长城解释体系，以之作为长城保护的依据与指导。

本书便采用“长城区域史”研究模式，尝试揭示围绕榆林长城修筑，明代国家与榆林社会所形成的包括地理、经济、政治、军事、社会、文化等各因素在内的多维互动关系，从而揭

示榆林长城修筑的整体面相与复杂线索，在此基础上，倡导对榆林明长城进行整体保护。

2006年，国务院颁布《长城保护条例》，界定了长城保护的对象："本条例所称长城，包括长城的墙体、城堡、关隘、烽火台、敌楼等。"这一界定相对于以往仅将墙体视作长城，无疑是一个巨大的进步，却仍存在明显的局限。比如长城是一个立体纵深防御体系，许多城堡、军寨、墩台，脱离边墙主体区域之外，距离甚至十分遥远，由于该界定较为简单而笼统，不便于准确认定这些军事设施是否是保护的对象。但如果不将之也划入长城范畴之内，无疑会产生一定甚至重大的遗漏。另一大局限是未涉及非军事设施部分，使长城保护内容少了一半。长城历史遗产，除军事建筑以外，还包括周边生活聚落、社会文化内容。军事设施遗存传递的是长城军事防御的历史文化内涵，而周边生活聚落、社会文化遗存传递的却是长城日常生活的历史文化内涵。因此，在对长城军事设施保护的同时，对包括民间聚落、信仰场所、方志、民间文献、族谱、碑刻、戏曲、传说等在内的长城遗产加以保护，是从整体上保存长城历史遗产的必要环节。

长城不仅属于中国，也属于全世界。在2006年全球范围内的"世界新七大奇迹"评选中，其他国家以举国之力宣传各自的历史遗迹，而长城却在大多中国人不知晓的情况下，基本完

波罗堡古民居（2009 年摄）

全依靠国外的投票，以最高票数被评为“世界新七大奇迹”之首，更进一步证明了这一点。

因此，保护长城，不仅是保存中国历史遗产，也是保留世界文化记忆。但长城每天都在消失，我便曾亲见某一长城设施一年之内消失。可以说，长城现在正处于毁灭还是保存的十字路口。

河北以东的“东部长城”，建筑材料主要是砖石，许多长城都修筑于山岭之间，采取就地取材的方式，多数是砖石混筑，不仅坚固，而且由于处于崇山峻岭之间，远离喧闹繁华的

云蒙山长城（1）（2009 年摄于密云县）

云蒙山长城（2）（2009 年摄于密云县）

青山关长城（1）（2010 年摄）

青山关长城（2）（2010 年摄）

坍塌的山丹明长城（2016 年摄）

嘉峪关边墙（2008 年摄）

坍塌的旧安边营城墙（2009 年摄）

人类社会，主要受自然因素的侵蚀，人为破坏因素相对少些。东部长城蜿蜒起伏，具有旅游观赏的价值，这在一定程度上带动了文物保护。在当前及以后，如果不再人为地拆毁长城，“东部长城”保护的前景是较为乐观的。

与之不同，“西部长城”大都修筑于平原地带，采取夯土内筑、外砌包砖的形式。本来砖包之后，长城十分坚固，但由于大规模拆毁长城包砖，使夯土裸露了出来，不仅更容易受到自然侵蚀，而且由于距离人类社会较近，且夯土容易挖铲，因此不断受到人为因素的剧烈冲击。近二十年来，由于西部经济开发与能源开采，“西部长城”进一步受到经济建设的巨大冲击。而蔓延于平原之上的土长城，对于绝大多数人来说，也没有什么观赏价值，难以得到关注与保护。

以榆林明长城为例，如果对榆林明长城现状加以概括的话，可以用惨不忍睹来形容。辟为田地、夯土坍塌、道路斩断、垃圾满地、民居挖洞、坟地遍布是榆林明长城的基本现状。

如何保护长城，使其不致“人为”消失，是摆在我们这个时代面前的艰巨任务。长城如此巨大，只有发动国家与社会的全体力量，才能实现有效保护。

在讨论榆林明长城军事设施之外，本书对于长城周边社会情态、宗教信仰，也有详略不同的描述。之所以写这部分内容，是因为正如前面所述，这些内容也是长城历史文化内涵的

一部分，是长城整体保护的一部分。即使当代社会与明代已大为不同，即使重修的建筑可能已失去原有风貌，但毕竟其中蕴含一定的历史继承，对于了解明代长城历史、当今长城情态，都具有史料价值与现实意义。

第二章

明代中国的内向转身

蒙古帝国解体后，明代中国与亚欧大陆其他文明在历史道路上之所以呈现不同的选择，一方面源于明朝面临着与其他文明不同的地缘政治，另一方面也在于明朝本身内向的政权性格。朱元璋在蒙古威胁之下，在“小农政治意识”影响下，继承了皇权专制的政治观念，致力于最大限度地维护朱氏皇权“家天下”格局的长治久安，为此不惜将边防的投入一再压缩。这一政治取向成为世界近代史开启之初，中国与亚欧大陆其他文明分道扬镳的历史根源。

第一节　守在四夷

蒙古帝国解体后，明代中国与亚欧大陆其他文明之所以呈现历史分途，一方面源于不同的地缘政治环境。随着蒙古帝国的解体，西欧摆脱了由其带来的巨大威胁，俄罗斯面对的是势力严重削弱的金帐汗国，阿拉伯文明则已实现对蒙古的伊斯兰化，从而皆不再面对完整而强大的蒙古势力。与之不同，明朝仅将蒙古势力驱逐出长城以外，被称为“鞑靼”的北元与东进的瓦剌，一起对明朝构成了严重威胁。不仅如此，西域地区的东察合台汗国，虽然已是伊斯兰文明的组成部分，但对于明朝而言，其仍是蒙古帝国的强大继承者。至于东北亚的女真部族，虽势力分散且弱小，但也是灭亡前一个汉族政权北宋的金朝后裔。因此，在整个北部边疆，明朝都面临着比欧亚大陆其他文明更为严峻的军事威胁，这是明代中国与其他文明呈现历史分流的客观背景。

但另一方面，其他文明虽然不再受到蒙古势力的威胁，但

彼此之间的长期对峙与不断战争，也构成了向外扩张的地缘阻碍。尤其是基督教文明与伊斯兰文明的长期冲突，一直是欧亚大陆史的重要内容。因此，明代中国之所以选择不同的历史道路，还应与其自身有关。地缘政治仅构成了明代中国与亚欧大陆其他文明历史分途的客观背景，但决定这一历史分途的直接原因是明朝的政权性格。明朝政权性格的形成，源于朱元璋的个人经历及其建立明朝的过程。

元朝之灭亡，与整个蒙古帝国衰亡一样，是在14世纪亚欧大陆范围内自然灾害与民族独立潮流夹击下，逐渐土崩瓦解的。14世纪中期，旱灾与继之而起的腺鼠疫弥漫亚欧大陆大部分地区，不仅在欧洲形成灭绝大部分人口的“黑死病”，而且在中国同样导致大量人口死亡。朱元璋父母便死于瘟疫，年幼而贫困的朱氏兄弟只能借钱将父母草草掩埋。

作为元朝的灭亡者，明朝在元末红巾军起义中异军突起，在并不太被看好的情况下，取得了最后胜利。红巾军最早在河南起事，在刘福通领导下，河南红巾军一度北伐，进至大都、大同与辽东，俨然对元朝形成包围之势，但最终未能成功。河南红巾军失败后，红巾军开始重点向南方发展，主要有：朱元璋在江淮流域，陈友谅在长江中游，张士诚在长江下游，方国珍在东南沿海，明玉珍在四川盆地。其中方国珍、明玉珍在边缘地带割据一方，并不具有全局意义。主导南方红巾军形势

南京明孝陵（2015 年摄）

南京常遇春墓（2016 年摄）

者，便是朱、陈、张三支红巾军力量。

在三支力量中，陈友谅占据长江中游，俯视朱元璋、张士诚，力量最盛，尤其是水军最强大。张士诚占据江南财富之地，又据有南宋旧都，他利用这一地缘形势，笼络士人，复兴文治，俨然以两宋正统继承者自居。与二者相比，朱元璋崛起于淮河流域，此后虽占领南京，但在军力、财富上不可与陈、张相提并论。但朱元璋最终的成功，却正与其出身淮河流域密切相关。

淮河是中国古代南北分界线，长期是南北战争不断上演的核心地区，社会动荡不安。五代十国之割据攻伐，南宋与金朝、蒙元的长期对峙，使淮河流域沦为名副其实的边疆地带，进一步恶化了这一地区的生存环境。在朱元璋的崛起中，淮河流域提供了两大支持。

一是淮河流域相对于长江流域的战略优势。长江素有“天险”之称，也是中国历史上偏安江南的地方政权赖以生存的天然屏障，但这有一前提条件，即南方政权保有淮河流域。淮河流域是长江流域的大门，这既因为淮河流域地势较高，控制着长江流域的咽喉，也在于淮河流域自然条件与长江流域较为相似，一旦北方政权占据此地，便可掌握与利用当地的水军，长江天堑优势便不复存在。朱元璋凭借淮河流域，便在地理上对处于长江流域的陈友谅、张士诚政权形成战略优势。

二是与陈友谅政权由不同派系构成、内部存在一定矛盾不同，也与张士诚标榜文治不同，朱元璋及其主要追随者，即所谓的“淮西集团”，都出身于淮河以南的濠州（今安徽凤阳）一带，不仅较为团结，而且都在长期武装化的社会环境的熏陶下，锻炼出较强的军事能力，并磨炼出边疆地带坚韧、粗鄙、注重实际的风格。正是由于朱氏政权整合度高、内部认同性强，朱元璋才有指挥自如的优势。

朱氏政权崛起于淮河流域，对明朝政权性格产生了重要影响。淮河流域是近世时期落后的农业地带，朱氏家族世代务农，朱元璋出身贫寒，这皆使朱元璋养成了谨慎保守的性格，甚至由于经历坎坷而导致缺乏安全感。在这种区域背景、个人性格影响下，朱元璋在设计国家制度时，努力将国家权力保持在朱氏皇族手中，实行保守内敛的国家政策，以免滋生影响政权安定的因素。

明初拥有当时世界最为强大的军事力量。明朝驱逐元朝，并在蒙古高原与北元展开多次大规模战争，取得了最后的胜利，一举扭转中唐以后汉人武力不竞的历史颓势，其陆军实力毋庸置疑。陆军之外，明朝水军实力也属当时世界最强。与历代中原王朝不同，明朝是唯一崛起于南方、最终统一北方的政权。在南方长期战争中，朱氏政权与其他红巾军政权一样，都在南方湖泊遍布的地理环境下发展出十分强大的水军。张士

诚、方国珍皆走私海盐出身，地盘又在东南沿海，拥有强大的水军，在情理之中。而崛起于长江中游的陈友谅，水军实力更强。朱氏政权虽然崛起于淮河流域，但能凭借巢湖水军夺取南京，其水军实力自然也不可小视。朱氏政权水军火器配备尤其齐全。在鄱阳湖水战中，朱元璋针对陈友谅船舰巨大、较为笨重的缺点，借助风势，利用火攻，从而取得了战役的胜利。《国初群雄事略》载："戊子，上分舟师为十二屯，命徐达、常遇春、廖永忠突入虏阵，呼声动天地，矢锋雨集，炮礮雷鍧，波涛起立，飞火照曜，百里之内，水色尽赤，焚溺死者二三万人，流尸如蚁，弥望无际。"从这里描写的战争场面，足可见鄱阳湖水战之壮观。

鄱阳湖水战后，朱元璋军队缴获了陈友谅水军大量船只、装备，从船舰名称也可以看出其形制巨大。"获巨舰名混江龙、塞断江、撞倒山、江海鳌者百余艘，及战舸数百。"这支庞大的水军极大地壮大了明朝水军实力，也成为明朝强盛于周边海洋国家的重要筹码。《明太祖实录》载："朕起南服江淮之间，混一六合，攘除胡虏，骑射舟师，水陆毕备，岂若汉唐之比哉？百战之兵，豪杰精锐，四方大定，无所施其勇，带甲百万，舳舻千里，水繇渤海，陆道辽阳，区区朝鲜，不足以具朝食，汝何足以当之。"

但在如此强大的实力基础之上，朱元璋在开国之初，却明

确宣布“守在四夷”，从而确立了保守与内向的疆域立场。朱元璋在《皇明祖训》里告诫子孙：

> 四方诸夷，皆限山隔海，僻在一隅，得其地不足以供给，得其民不足以使令。若其自不揣量，来挠我边，则彼为不祥。彼既不为中国患，而我兴兵轻伐，亦不祥也。吾恐后世子孙，倚中国富强，贪一时战功，无故兴兵，致伤人命，切记不可。但胡戎与西北边境，互相密迩，累世战争，必选将练兵，时谨备之。

可见，朱元璋虽然拥有强大的水军实力，但从淮河流域农业社会的经验出发，在国家财政上，从南宋、蒙元将农业财政、海外贸易相结合的新制度中退缩回来，并鉴于其他支系红巾军残余、日本浪人在东南沿海可能造成的威胁，实行“海禁”政策，禁止民间开展海外贸易，实行依靠农业财政，补充国内商税的传统税收政策。在边疆观念上，相对于具有豪放开拓气概的汉唐王朝，明朝也是一个极大的倒退，具体便表现为退出西域。

从14世纪世界史的视角来看，明朝疆域政策使中国在世界近代史开启之初，便选择了与世界主流背道而驰的历史方向。

蒙古帝国消亡后，俄罗斯文明将蒙古牧业传统与自身牧业传统相结合，从而大力扩张，推广牧业经济，建立起牧业边疆。伊斯兰文明将蒙古牧业传统、重商传统与自身牧业传统、重商传统结合起来，同样大力扩张，推广牧业、商业经济，建立起商牧边疆。基督教文明利用蒙古帝国西传的中国科技，开始了在全球范围的远洋贸易与海外扩张，建立起商业边疆。而明朝由于崛起于落后的农业地带，对蒙元开创的农业、牧业、商业相结合的混合经济形态缺乏兴趣，因此基本仍属农业边疆。明朝受到蒙元时代的正面洗礼最少，反而接受了其“家产制”政治观念的负面影响，进一步将中国推向保守与内向，在边疆开拓上动力不足，仍局限于传统的农业边疆。

值得反思的是，陈友谅占据长江中游的湖广行省，统治核心为以渔业为生、以白莲教为纽带联合起来的长江渔夫。张士诚、方国珍居于长江下游的江浙行省，皆以贩卖私盐为生，活动范围又及于东海，统治核心是以盐业为生的江海盐商。相对于朱氏政权，这三个政权的统治群体与海外贸易具有更多的关联，但却未能取得最后的成功。这是自先秦以来，农业文明不断消灭商业文明，再次在中国历史上发挥主导作用。这其中蕴含了中国与亚欧大陆其他地区何种不同的地缘政治？这是值得进一步思考的。

这一时期亚欧大陆其他文明的历史取向主要是外向开拓，

与此相反，明朝并未充分利用其雄厚的国家实力与有利的国际条件，顺应民间向外扩张的历史诉求，最大限度地实现疆域扩张与文明推广，而是有意不事边疆开拓、压制民间活力。或者说，明朝的历史取向主要是内向收缩的。明朝的这一做法，不仅主动放弃了西域这一中国的传统势力范围，而且未能追随南宋以来民间开拓南洋的步伐，不仅为伊斯兰教扩张提供了地理空间与历史契机，而且在西欧基督教文明开创的世界近代史潮流之初，便体现了强烈的逆向封闭特征，从而逐渐由处于世界领先地位到与西方世界的距离越来越大，这对世界近代道路的形成具有深刻影响。因而，“长城以内”其实是鲜明而准确概括明朝的历史取向与特征的词汇。

第二节　放弃西域

明初虽然秉持“守在四夷”的国策，却将北元视作最大的威胁，必欲彻底消除其威胁，“永清沙漠”，而后才能安心。洪武五年（1372），明军三路出击。中路军由明朝第一武将徐达

南京徐达墓（2016 年摄）

统率，由雁门关出，穿蒙古高原中部，直抵和林。东路军由朱元璋外甥李文忠统率，由居庸关出，直抵应昌。西路军由冯胜统率，由兰州出，沿河西走廊向西。三路军队形成夹击之势，直指漠北。

冯胜既然一路向西，且佩“征西将军印”，是否标志明朝在洪武五年（1372）有趁机西进西域、收复汉唐旧疆的打算呢？事实并非如此，西路军只是一支起牵制作用的侧面部队，表面任务是占领甘肃，实质任务是牵制甘肃及以西蒙古势力，防止其东援漠北北元主力。

14 世纪，蒙古帝国逐渐瓦解，四大汗国中，窝阔台汗国早已被灭，钦察汗国、伊利汗国、察合台汗国呈内战分裂之势，势力大为下降，但“百足之虫，死而不僵”，势力仍不可小觑。这是明朝对中亚蒙古势力严加戒备，一意防止其与北元形成联合之势的原因。

但洪武五年（1372）北伐的结果完全出乎明朝的意料。扩廓帖木儿统率的北元军队利用漠北草原的广阔空间，采取北方族群惯用的诱敌深入之法，将明军诱入完全陌生的区域，并借助当地严寒的气候，最终在和林对明军实现了围歼。“岭北之役”是明军有史以来的最大惨败，多位高级将领战死，死亡士卒也达到了数万。

反而是西路军，由于相对独立地执行任务，战争过程并未

受到岭北之役失利的影响，一路非常顺利。冯胜首先率师至兰州，经此进入甘肃，一路向西，先后占领西凉（今甘肃武威）、永昌（今甘肃永昌）、甘州（今甘肃张掖）、肃州（今甘肃酒泉）。若再往西，便是甘肃行省最西境，即察合台后王的一支——出伯后代所占的瓜州（今甘肃安西）、沙州（今甘肃敦煌）与哈密三地。但明军并未继续西进，而是为了完成掩护中路军的任务，自肃州沿弱水北进至亦集乃（今内蒙古额济纳旗东南），并获得重大胜利，很好地起到了牵制甘肃兵力，掩护中路军作战的任务。占领亦集乃后，明军开始回撤，途中占领瓜、沙二州。这样明军便占领了除哈密外的甘肃行省的所有地区。

但在作战成功后，冯胜听到岭北之役失利的消息，却做出令人吃惊的举动，放弃了甘肃、宁夏等广阔的西北边疆，"冯胜惧回鹘之兵，将甘州所葺城池、营房、仓库、转运米麦料豆二十余万石及军需尽焚之，弃城归，并宁夏、西凉、庄浪三城之地亦弃，仅以牛、羊、马、驼令军人赶归。途中倒死者，军虽饥不敢食，仍负荷归，军人饿死载道，一无所问"。鉴于冯胜如此不负责任的胆怯行为，虽然其有开拓甘肃之功，但朱元璋却未加封赏。

冯胜所惧的中亚蒙古势力，是当时直接与明朝接壤的东察合台汗国，在明军北伐之时，东察合台汗国正处势力强盛之

时。元朝末年，当蒙古统治者面临长城以内汉人的叛乱时，察合台汗国黄金家族的统治也大为削弱，非黄金家族的“异密”们掌握了实权，察合台汗国从而分裂为西部的帖木儿帝国与东部的东察合台汗国。东部的朵豁剌惕部异密播鲁只拥立秃黑鲁帖木儿继承汗位，从而建立了东察合台汗国。秃黑鲁帖木儿宣布信仰伊斯兰教，加快了蒙古族伊斯兰化的历史进程。在建立了强大的汗权之后，秃黑鲁帖木儿向西进攻河中地区，发动了统一察合台汗国的战争。虽然占领了大片地区，但并未在当地建立长期而稳固的统治。秃黑鲁帖木儿还向东扩张势力，其势力威慑到了哈密，与元朝声气相接。

岭北之役后，以扩廓帖木儿为首的北元军队，曾在东起辽东，西至甘肃的漫长战线上，对明朝展开全面反攻，颇有恢复故国的气象。但由于明朝坚守近边防线，很快击退了这股潮流。那么，东察合台汗国以及居住于此的其他西道诸王，为何未与北元一起南下攻明、恢复宗主国的荣光呢？这既与西道诸王跟元朝之间存在恩怨，不愿施救北元有关，也与当时中亚正处于东察合台汗国、帖木儿帝国争斗的内乱局势有关。

明朝在洪武二十年（1387）往征捕鱼儿海，取得漠北战役胜利之后，也未进一步西进西域，而是满足于在这一地区建立藩属关系，将分裂后的东察合台汗国与帖木儿帝国都纳入藩属

体制之中。

汉唐时期，为了控制西域，设立了西域都护府，在承认当地政权自治的前提下，固定驻扎大量军队，从而实现了对西域的长期有效控制。明朝仅与西域诸国维持藩属关系，对于其内部的战争、分裂、统一，完全无法干涉。这等于在事实上放弃了对西域的控制权。正是在这种宽松的环境下，东察合台汗国、帖木儿帝国、叶尔羌汗国相继在西域地区崛起，并向东威胁着明朝的疆域。帖木儿帝国征明之役，只是由于帖木儿死在东征途中，才避免了两大帝国之间的正面交锋。而16世纪以后，即明中后期，叶尔羌汗国强势崛起，向东进攻吐鲁番、哈密，并进一步向河西走廊渗透，最终导致明嘉靖时期被迫关闭嘉峪关，彻底放弃西域。但伊斯兰文明东扩之路并未因此而停止，伊斯兰教仍不断向河西走廊、青藏高原渗透，从而造成清代以后西北边疆的伊斯兰化，成为清代西北问题的重要因素。

明朝之所以放弃西域，根本原因是明初定都南京，导致地缘政治发生了巨大变迁，西北边疆从拱卫关中的核心地带变成远离政治重心的边缘地带，在保守、内向的疆域政策下，成为无足轻重之地。除此以外，中唐以来北方民族长期保持西北边疆所造成的"胡化"社会面貌，对于南方汉人来讲，俨然"化外"之地。

可见，明初从西域撤退，是近世时期继北宋无力西进之后，中原政权再次无力经营西北边疆。从此角度而言，明初所宣扬的恢复华夏正统、“法体汉唐”，只限于衣冠制度层面，而地缘格局早已伴随时代变迁发生了历史剧变。

第三节　明初北疆长城的修筑

岭北之役后，北元全面反攻，对山西、北平，即太行山脉及其支脉燕山地区的冲击最大，而当地元朝残余势力也纷纷响应。一时之间，北部边疆动荡不安。在这种压力下，明朝加强近边防御，尤其在太行山，依托、修复前朝的众多关隘，构建了太行山关隘防御体系。

洪武六年（1373）四月，明将华云龙构建了太行山关隘防御体系。《明太祖实录》载："淮安侯华云龙镇守北平，遣使言：'塞上诸关，东自永平、蓟州、密云，西至五灰岭外，隘口通一百二十一处，相去约二千二百里。其王平口至官坐岭口关隘有九，约去五百余里，俱系冲要之地，并宜设兵守之。若紫荆关及芦花山岭尤为要路，宜设千户所守御。'从之。"

在山西地区，洪武六年（1373）五月，山西都卫依托管涔山、恒山，在雁门关、太和岭以及武州、朔州"等州县山谷冲要之处，凡七十有三，俱设戍兵，以防胡寇"。从而建成东西

横向的关隘防御体系，以阻止北元军队进入山西内地。与此同时，明朝又“塞山西阳武谷口”，即北起阳和、南至武州，依托采凉山、洪涛山、管涔山，构建南北纵向的关隘防御体系，以屏蔽大同盆地，阻挡北元军队向东进入山西东部。

中国古代长城设施之一便是关隘，因此，洪武初年太行山关隘防御体系成为明长城的源头之一。除了建立太行山关隘防御体系外，洪武六年（1373），明军还利用了前代长城设施。傅友德巡边，便出雁门关，沿长城边缘巡视塞外。洪武中期，徐达还在山海关修建了一段数十里长的墙体，成为明长城的另一源头。

洪武二十一年（1388），朱元璋派遣蓝玉奇袭捕鱼儿海，驱逐脱古思帖木儿汗，迫其向西进入西北诸王的势力范围，最终被绞杀。而未西进的北元残众也被蓝玉消灭。经此一役，北元政权灭亡。虽然这一时期西北诸王、瓦剌开始东进，但势力仍限于漠北西北部。由于距离遥远且从未交战的缘故，朱元璋对这支蒙古军队似乎并无认识，于是宣布大功告成，并将蓝玉比拟为汉之卫青、唐之李靖。

武将们在短暂的风光无限之后，便开始感受到沉重的政治压力。朱元璋既然要建立朱氏皇族“家天下”的政权，势必要将兵权收归朱氏皇族，武将集团从而走上被清除的政治末路。洪武末年，开国武将基本被屠戮殆尽，仅留老迈的郭英、耿

炳文，以及世守云南的朱元璋义子沐英等。通过这种残酷的方式，朱元璋将军权转移至朱氏皇族手中。在分封制度下，中央军权由皇帝掌握，地方军权由诸王掌握。而在北部边疆地区，洪武晚期形成了九王守边制度。九王在东起辽东，西至甘肃的广阔边疆内，往来巡逻，并相机北进攻击鞑靼余部。

与对待西域、东亚海域的态度截然不同，朱元璋重点经营北部边疆，以防范蒙古势力南下，不仅在此建立九王守边制度，而且众建都司卫所，设置重兵，并积极发展农牧经济，培育战马，将之建设成为“军事农牧社会”，以作为保障北方平原的坚固壁垒。在北部边疆，朱元璋由东至西，依次设立辽东都司、北平行都司、北平都司、阴山诸卫、山西都司、山西行都司、陕西都司、陕西行都司，将全国半数军队驻扎于此，将之建成明朝的军事重心。

在北部边疆的中心地带阴山地区，朱元璋设立了十八个卫。阴山是中国北部著名山脉，西端以低山没入阿拉善高原，东端止于多伦以西的滦河上游谷地，长约 1000 公里。阴山虽然是中原王朝抵御北方民族的连绵屏障，但是由于其广阔纵深，有众多缺口，也成为北方族群的南下通道和潜藏之所。为弥补阴山地形缺陷，中原王朝通过修筑长城以堵塞缺口，阴山边疆相应成为中国古代长城重点分布之处。而北方族群也以越过阴山长城，打通阴山边疆，将其改造为阴山走廊作为军事重点。

在培育机动化部队之外，朱元璋还充分利用了汉人军队的优势经验，在北部边疆东部的外层区域，重点建设军事设施，建立城堡以控制要地，设立烽火台以传递消息。北平行都司、阴山十八卫皆依托当地地形，建立卫城，这是一种进筑草原、化流动为固定的军事方式。至于烽火台，在靠内部的地方，每20里建一烽火台；中间的地方，每15里建一烽火台；最外层的区域，则每10里建一烽火台。每30座烽火台归为一路，也就是说每路大概管辖南北600里的纵深范围。每隔20里或30里，再建一路。横向建10路，即共建300座烽火台。每个烽火台配备两匹马，共配备驿马600匹。而守边九王则在烽燧体系以内，不断操练兵马，巡视边境，驱逐来犯蒙古部落。这种烽火台瞭望体系成为明代长城防御体系的源头之一。

在骑兵部队之外，朱元璋还命令诸王在步兵中实行战车战术，并配备火器，在窗棂处放神机箭，在车轴上放火铳，在车栏上放火枪，利用火器射程远、杀伤力强的特点，克制蒙古骑兵。

可见，明初在北部边疆，通过将汉人与蒙古人族群相整合，将城堡、烽火台固定设施与军事巡逻相结合，冷兵器与热兵器并用的方式，建立了当时世界上规模最大、人数最多、战术配合最为复杂的多兵种、高机动、具有强大战斗力的野战部队，从而在近边之外建立起坚固的军事保障，牢牢控制了在蒙

阴山山脉之大青山（2014 年摄于辉腾锡勒草原）

古高原的战略主动权，极大地压缩了蒙古人的生存空间，封锁了蒙古势力南下的交通道路与缓冲空间。但与竭力固定统治蒙古高原的方式不同，明初政权在国力极盛之时，关注点仍集中于汉地统治的长期稳固，仅将蒙古高原的经略视作实现这一目标的手段，表面看来是一种进攻姿态，实质不过是一种积极防御。

第四节　明前期蒙古势力进入河套

朱元璋去世后，他所汲汲建立的朱氏皇族“家天下”格局，立刻遭到分封制度的反噬。建文帝与燕王朱棣之间持续四年之久的“靖难之役”，将北部边疆大量军队卷入其中，尤其是漠南军队中的北平行都司、东胜八卫，在战争结束后，并未被遣还原地，而是安置于北京南部，以控制华北平原。由此，漠南防线从大宁、开平、东胜三足鼎立格局，一转而为开平突出于外、宣府撑持于内的大马群山纵向防御体系。

永乐时期，朱棣虽然“五征三犁”，在战役层面打击了鞑靼、瓦剌，但由于“靖难”武将组成的“靖难勋贵”的军事能力远远不如洪武朝“开国功臣”，朱棣只能采取依托地形，实行近边防御的策略，并未固定控制漠南草原，甚至在永乐末年放弃了处于阴山之脊的兴和卫，进一步削弱了开平卫的支撑力量。

仁宣时期，为解决永乐时期外拓政策导致的财政危机，明

朝开始采取疆域收缩政策，不仅从中南半岛的交阯撤兵，而且内徙开平卫至大马群山南部的独石。从此明朝的阴山防线仅存宣府镇，明初朱元璋建设的漠南防线就此崩溃。虽然开平卫内徙有气候变冷、财政危机等多方面因素，但这一因素在永乐时期同样存在。仁宣时期儒学思想的回潮与文官群体地位的上升，形成了“攘外必先安内”的政治文化氛围，并在疆域收缩政策中发挥了重要作用。直接促成历史事件者，仍是人事、政策因素，而不是地理环境。

伴随明朝防线的内徙，宣德时期，蒙古势力开始南下漠南草原，将阴山边疆转换为自由出入明朝近边地带的“阴山走廊”，并开始进入河套。正统以后，兀良哈三卫开始大规模出入河套，明中后期河套危机逐渐开启。

河套在秦汉时期称“河南地”，是黄河中游从宁夏到山西的河段所呈现的“几”字形区域。明代人觉得看上去像个套子，故改称为“河套”。

河套原本是个极热闹的所在。秦汉、隋唐都建都关中，西北边疆是其北部边疆经营的重心。而作为京师屏障的河套，更是军事经营的重中之重。而匈奴、突厥等北方民族南下进攻关中，也以河套作为战略跳板。但伴随着中唐以后中国经济、政治重心的转移，河套的战略地位不复往昔。尤其是成吉思汗在攻打西夏之时死亡，这一地区的党项族群遭到蒙古势力大肆屠

河套（2009年摄）

杀。传说成吉思汗葬地也在河套，为保持这一地区的宁静，蒙元帝国并未在此大规模设置机构。因此，蒙元时期河套一改数千年不断的农牧开发与战争拉锯，进入了一段平静时期。

明初先后定都南京、北京，皆远离河套，对于河套的经营，延续了蒙元时期的历史脉络，并未措意，基本是空置其地，仅在其北面设置东胜诸卫，守卫此地。

伴随东胜诸卫的内徙，河套呈现在蒙古部落视野之下。正统以后，蒙古骑兵屡次从河套长驱直入，向东越过黄河，进攻山西地区；向西跨越贺兰山，进攻宁夏、甘肃；向南进攻陕北地区，从而在西北边疆撕开了一个巨大的口子，突破了明朝的

整体防线，严重威胁着西北地区民众的生命与财产安全。

对此，明朝势必要采取针对性的措施堵住这个缺口。正统时期，宁夏镇副总兵黄鉴提出依托黄河天险，沿黄河以内，修筑营堡、墩台，形成“几”字形的防御线。即东南从偏头关开始，向西沿河套北部的黄河段走向，西南到宁夏镇黑山觜马营一线，长700余里的空间内，修筑13座营堡、73座墩台。由于这道防线沿黄河分布，可称为“黄河防线”。

黄河防线虽未恢复洪武时期东胜攻防格局，更与秦汉、隋唐阴山经营的宏图伟略难以相比，但至少通过依托黄河天险，将河套纳入到本方控制范围之内，从而将蒙古势力阻止在河套之外，弥补西北边疆的大缺口，如果得以实行，将会极大地改变明朝、蒙古双方在西北边疆的战略态势。

不过明朝并未接纳这一建议，原因是“议者以为地平漫难处”，即认为缺乏修筑长城设施的险要地形。河套从南向北，地形呈现了四种变化。最南部是毛乌素沙地，大部分是沙漠，但也有其他生态景观，比如湖泊、滩地、草地等。再往北是鄂尔多斯高原，崎岖不平。再向北是库布齐沙漠。最北端靠近黄河的是河套平原，地形平坦，适宜耕种。明人认为黄河防线途经地“平漫”，非常符合河套平原的地理特征。

但这一理由并不能完全站得住脚，因为明朝最终选择修筑长城设施的河套南缘，很多地段也是平原。长城设施作为防御

东胜卫墩台（2014 年摄于清水河县城北）

性建筑，适宜在地形险要之处修筑，从而发挥易守难攻的防御效果。但绵长的北部边疆，不可能处处都有山险，而且平原之处更易受到大规模攻击，更应该修筑长城。事实上，中国古代长城有许多段都修筑在平原之上，肩负着抵御北方民族大规模进攻的重要职责。

那么，明朝否决黄河防线的深层原因是什么呢？应是因为黄河防线对防御能力、后勤供应要求都非常高，明朝没有足够大的决心去发动大规模的军事动员。七百余里防线，需要数万人的军队才足以防御，明朝一时难以征发如此众多的士兵。即使拥有如此规模的军队，如何进行战时支援与后勤供应，也是一个巨大的难题。由于黄河防线处于黄河以里，大同镇、山西省、宁夏镇都与其隔河而望，无法直接应援与供应后勤。而与

陕北虽然有陆地相通，但中间经过漫漫黄沙的毛乌素沙地、崎岖不平的鄂尔多斯高原、沙化更为严重的库布齐沙漠，无论行军作战还是运输粮饷，都存在较大难度。

黄河老牛湾（2014 年摄）

老牛湾堡（2014 年摄）

而在河套平原进行军屯，在和平条件下并非不可以，所谓“黄河百害，唯富一套”，说的便是后套，即河套平原。今天包头地区发达的农业经济便证明了在这里推广大规模农业经济是完全可行的。但问题是，正统以后，河套经常面临蒙古骑兵的冲击，明朝鉴于蒙古部众攻击的目的在于抢掠，为此在陕北采取了坚壁清野的办法，一旦有袭击信号，便命令边地民众迅速藏入附近堡垒、山林之中，寄希望于蒙古部众抢不到人口、物资，从此减少进攻。如果建立黄河防线，把大量粮食、人口摆在黄河岸边，在大规模军队未能集结于此的情况下，等于自己送粮入虎口。虽然可以在军队集结之后再实行军屯，但从作物生长期来看，无疑需要较长一段时间，这期间庞大军队的后勤供应，对于经济条件十分落后的西北地区而言，已然是一个沉重的负担了。因此，明朝最终选择了在更为靠里的榆林修筑长城设施。

但明朝将河套放弃给蒙古，不仅使后者进入了明朝西北防线以内，而且使河套草原成了蒙古部落在冬季躲避严寒的栖身之地。那么，明朝为何还坚持将防线定位在榆林呢？这应该就是因为黄河防线难度较大，明朝选择了退而求其次。至于由此而引起的战略被动，则未被优先考虑。

第三章

明前期榆林营堡纵深防御体系的初建

榆林地处河套南缘，是明初北部边疆经营的薄弱地带。明初在经营陕北时，延续北宋、元朝在陕北的军事布局，以陕北南部为军事重心，在此设置延安卫，在延安卫北设绥德卫。而在河套南缘的今榆林地区，仅设置神木千户所、十八寨，防御极为薄弱，从而使整个陕北地区的防御呈现南重北轻、内重外轻的不平衡格局。这根源于明初河套处于寂寥无人之地，对于榆林的经营就显得缺乏必要。宣德以后，面对蒙古势力的不断进攻，明朝结合榆林地理特征，在榆林的山谷之间与平原之上不断修筑城堡，从一个一个点到密集分布，宛如满天星斗，逐渐构建起防御蒙古势力南下的纵深防御体系。

第一节　明初榆林军寨的分布

河套的南缘，是黄沙弥天的毛乌素沙地。毛乌素沙地东南，有一处山，高数十丈，形状远看像一匹骆驼，遥望着广袤的沙漠，因此被称为“驼山”。驼山上下，长满了密密麻麻的榆树，宛如一片海洋。这里榆树这么多，是因为它耐干冷，可以在中度盐碱的土壤中顽强生存，抗风能力强，是我国北方地区普遍生长的一种树木。榆树之外，周边还有松柏、柳树、桑树、槐树等。黄土高原干旱少雨，许多山都少有草木，驼山在黄土高原的最北端，气候最冷，又靠近沙漠，非常干燥，之所以有这样良好的生态，是因为驼山上泉水众多，滋润了树木的生长。

驼山腰便有一股泉水，叫“普惠泉”，一年四季，源源不断地流下。传说是龙王为了救善良而命苦的桃花姑娘而形成的。泉水清凉甜润，水温常年保持在10—12摄氏度，无臭无味，清澈透明，含有多种对人体有益的微量元素。元代，人们

在驼山的西边，挨着泉水建了一个村子，以周围的榆树命名，叫“榆林庄”，地属米脂县。由于驼山在东边，榆林人又叫它“东山”。每天早上，太阳从东方升起，榆林庄淹没在苍翠的榆海中，呈现出雄伟而宁静的景象，当地人称之为“驼峰拥翠”。在此后一百多年里，榆林人就在这个偏僻的历史角落里过着与世隔绝的安静生活。

蒙元时期，榆林人充分利用了周边的环境，他们在驼山上挖掘窑洞，既减少了建筑的成本，又冬暖夏凉。因此，一排排的窑洞，便是榆林人的家，他们与山的关系，不是你我二元式

窑洞（2009 年摄于榆阳区镇川堡）

的，而是一体的，这是一种独特的情感。

榆林人以农牧为生，种植黍、稷、水稻、大麦、小麦、大豆、南瓜等粮食，种植的蔬菜有大葱、韭菜、萝卜、芫荽、白菜、芹菜、豆角、茄子。他们种植芝麻，榨油炒菜。吃的肉主要是羊肉，因为平原、河谷地带有空旷的草场可以牧羊。此外，榆林人也吃鸡、鸭、鹅、鸽等。吃鱼主要到西边的榆溪河去抓，那里有榆溪鲤。水果主要有桃、杏、葡萄、大枣、石榴、苹果、梨等。至于燃料，主要是采自附近的木材，但也开始使用煤炭（当时叫石炭）、石油。石油的用途更广，“出自泉中，民取之，可以燃灯、疗疮”。

毛乌素沙地土质碱性较大，黄土高原土质松散，都不适合耕种，产量自然也非常有限。这里自然气候非常恶劣，经常发生各种灾害，旱灾是其中主要的一种。旱灾发生时，由于地势很高，从地下汲水灌溉农田很困难，所以庄稼经常被旱死。雹灾尤其让人厌恶，庄稼刚成熟，一场冰雹就颗粒无收了。即使有个好年景，也由于无霜期短，庄稼经常还没成熟，就冻死了。总之，榆林不是个适合农耕的地方。

为了补充农业经济产量的不足，榆林人发展了牧业。毛乌素沙地之所以称“沙地”，而不是“沙漠”，是因为沙地除了有沙漠之外，还有其他生态景观，比如盐碱地、草地、湖泊等。榆林人便在毛乌素沙地一片一片的草地中、黄土高原的河道

粟（俗称小米，2010 年摄于府谷县清水营东北）

中，放牧羊、马、驴、牛等家畜。

榆林人种麻，搓成麻绳，纺织成麻衣。榆林的夏天很凉爽，穿麻衣足够了。但春、秋、冬三季，都非常寒冷。元代棉花还未普遍种植，棉衣很少，只有富人才能穿得起。明朝建国后，农民出身、家境非常贫寒的朱元璋，在全国范围内普遍推广种植棉花、纺织棉布，棉衣才逐渐在下层民众间普及开来。虽然榆林人这时候还没能穿上棉衣，但却可以把羊皮剥下来，缝制一下，便是上好的御寒衣物。

榆林人虽然养马，但一般不舍得骑马，因为马很贵重，吃

得也多，太消耗草料。他们大都骑毛驴。毛驴虽然块头没马大，但体力好，耐力强，非常灵活，善于奔跑，是很好的交通工具。去毛乌素沙地的时候，榆林人可以选择骑骆驼，这样，即使在缺水的条件下，也能穿越漫漫沙丘。

在榆林周边的草原、森林里，有各种野兽，比如虎、豹、狼等，时刻威胁着居民们的生命，也有温良的兽类，如鹿、黄羊、兔子等，丰富了榆林人的餐桌。

在这个贫穷但安宁的偏僻角落，榆林人生活了一百多年，直到 1369 年，来了一群拿着兵器的南方人。洪武二年（1369）五月，明军的一支小分队，由指挥使朱明率领，攻占了延安。当月，绥德（今榆林绥德县）、葭州（今榆林佳县）守将也向明军北伐主帅徐达投降。此后数年内，虽仍有北元残兵前来侵扰，但逐渐被剿灭。洪武二年（1369）底，绥德卫建立，由朱明充任指挥使，负责延安以北陕北地区的防务。

朱明在北宋、西夏长期对峙中建立的军寨的基础上，沿河套南缘广建十八寨，其中榆林庄也属一寨，不过名称仍是“榆林庄”，没有改变。另外十七寨，是府谷寨、神木寨、东村寨、高家寨、柳树寨、孤山寨、伯颜寨、双山儿寨、拜堂寨、响水寨、鱼儿河寨、麻河寨、大兔鹘寨、波罗寺寨、栢林寨、土门寨、李广寨。

从军事地理来看，十八寨沿榆林，尤其是榆林东部河道，

榆溪河红石峡段（2009 年摄）

无定河响水堡段（2009 年摄）

分布于河谷上的山坡之上，控制着北元南下榆林的交通主干道。之所以如此，是因为榆林的地理特征。榆林位于典型黄土高原地带，气候干旱少雨，地表沟壑纵横。因此在榆林地区，河道就是生命线、交通线与战争线。当地干旱少雨，山岭之处又无法灌溉，只有河谷地带才适合农业开垦，故而河道是生命线。当地山脉起伏，难于行走，马匹尤甚，只能沿河谷行走，故而河道又是交通线。北方族群对中原政权的战争，大多是小规模的抢掠战争，多沿河谷攻击，河谷地带既便于骑兵奔驰，又可以抢掠人口、物资。中原政权便相应在河谷地带组织武力，对游牧骑兵进行阻截，故而河道成为战争线。

榆溪河、无定河等榆林地区主要河流，大都分布于榆林东部。黄河也自北向南，流过榆林东部。榆林东部是北元南下的主要区域。明初重点在此修建军寨，符合榆林的军事地理特征。而榆林西部河流数量、规模皆不如榆林东部，在军事地理上相应稍逊一筹。

与榆林西部相比，榆林东部军事地理的重要性，还在于它与山西接壤。在中国古代长城内外的长期冲突中，山西一直处于核心位置，这是由于山西不仅位置居中，正对应中原王朝、北方民族政权政治重心，而且地势较高且平坦，是连接北方平原与蒙古高原的过渡地带。北方族群从蒙古高原南下，在东起长白山，西至阿尔泰山的广阔空间内，绝大部分地区皆有山

险，只有山西高原呈开阔状，面向蒙古高原，较高的海拔、平坦的地形，为北方族群进入中原汉地提供了天然通道。北方族群进入山西地区后，不仅可以利用这一地区水草丰茂、农牧皆宜的生态环境，加以补给与休整，还可以向西南进入地势较低的关中地区，威胁中古以前中原王朝的政治重心，向东南进入地势较低的华北平原，威胁近世时期中原王朝的政治重心。而黄河由北向南，流过山西，更为北方族群提供了南下的平坦大道。

陕北以黄河为界，与山西隔岸相望，北方族群从山西可以越过黄河，尤其在冬季可以十分容易地踏冰渡河，进入陕北地区。明初，北元多次由大同进入山西腹里，跨河进入陕北地区，便是这一军事地理的具体反映。

明军戍守榆林庄，既然是从军事角度建立，势必要选择易守难攻的地方修筑军事设施，因此主体建筑在驼山之上，这样既便于自保，又能瞭望哨探。

榆林庄士兵是从淮河以南一直打到北方来的，榆林当地也流传着祖先从江南迁移而来的传说。榆林人的长相也与北方人有所不同，脸瘦长，皮肤白皙。当地称普惠泉又叫“桃花水”，说经常喝桃花水，女孩就会嫩如桃花，其实可能因为是江南后裔的缘故。

南方士兵来到榆林，将南方的一些风俗也一同带了过来。

榆林小曲唱腔委婉，在江南民歌的基础上，又融入了陕北的民歌小调。这一大漠边城因此在雄伟苍凉之余，又弥漫着清丽婉约之气。

烟雨古城，虽然是片面的印象，却一直是我对榆林挥之不去的牵挂。这可能源于我与她的第一次接触，便在雨天。

2008 年 5 月，我第一次来到榆林。早上推开窗户，不期然闯入雨中的榆林。漫天的雨丝笼罩着这座红屋绿树的古城，曲折的小巷蜿蜒看不到尽头，雨滴落在青石板上，声音清亮。这天恰好是端午节，端午节在缺水少湖的北方，相比于其他节日，不是很受重视。但在榆林，却不是这样。人们在路边摆上一堆堆的艾草，吃着粽子，喝着雄黄酒，驱逐着潮润的愁思。当时，我恍惚到了江南。

塞外雨城的空间离奇，自然是我的错觉，因为榆林是少雨的地方。但江南格调弥漫于这座西北古城，却是有来由的，这便是因为榆林有河、有泉，是个不缺水的地方。

明初榆林完成了从村庄到军事寨落的转变，是明初整个北部边疆从内地变成边疆的潮流中的一朵浪花。但与这一时期北部边疆其他地区大多处于大规模战事之中不同的是，在明前期，榆林仍处于安静的氛围之中，这是由明前期明与蒙古战略态势决定的。

明初建都南京，河套失去了往日都城屏障的历史地位，明

朝对之经营相应较为差缓，在东胜（今内蒙古托克托县）以西、亦集乃以东的广阔区域内，并未驻扎军队。在东胜以东至大同以北地区，明朝重点设立了六个卫，但职责主要是保障河东，也就是山西地区的安全。在广袤的河套，竟未设置一兵一卒，采取了完全空置的态度。

明前期河套一线看似防线单薄，但由于该时期蒙古势力很少南下进入这一地区，竟然可以长期无事。这种和平环境也吸引了部分山西民众自发地越过黄河，来到河套南缘。山西人因此成为今日榆林人的另一个来源。

第二节 黄河沿岸“依险型”城堡

当明前期蒙古势力通过河套进入榆林之后，明朝一方面沿河套南缘构建横向营堡防御体系，以堵塞从河套奔突榆林的巨大地理漏洞；另一方面，仍沿榆林河流走向，构建纵深营堡防御体系，对蒙古骑兵实行层层阻截。

营堡防御体系，并不以御敌于国门之外为战略理念，而是在冷兵器时代背景下，发挥地形这一在某种程度上可以转化为战斗力的军事因素，最大限度地将自身战略、战术与对地形的了解、利用充分结合起来，从而弥补自身的战术劣势，甚至将其转化为战术优势。从现代军事学而言，属于“纵深防御”。

明朝之所以实行这一防御模式，是为了克服蒙古骑兵的强力冲击。在冷兵器时代，骑兵对战步兵时，其速度所产生的冲击力具有压倒性优势。明朝在撤离阴山边疆之后，由于牧场与训练场的减少，骑兵数量与战斗力已大为下降。明中期榆林军队兵力较少，武器装备较差，在面对蒙古骑兵时，劣势更为明

显。在这种战术困境下，榆林军队通过修筑营堡，充分利用陕北地形，将蒙古骑兵圈围在河谷地区，加以歼灭。这是一项克服自身的战术缺陷、扬长避短的防御方案。

灰沟堡、黄甫川堡、楼子寨堡是河套南缘最早修筑的一批城堡。这三个堡在宣德五年（1430）十二月，已出现于史书记载中。明朝之所以率先在此修筑城堡，是因为这三个地区是陕北地区最靠北，并且靠近黄河河道者。蒙古势力南下时，最容易到达这三个地方。而这三个地区距离陕北主体防御区域的绥德、延安二卫也最远，最不容易获得救援。“延安府府谷县灰沟村、黄甫川，虽延安属地，然相离五百余里，猝有缓急，应援不及。”简单地说，三堡所在地，是明前期陕北地区最易受到冲击，防御却最为薄弱的地区，自然应率先设置城堡。

灰沟村在永乐时期便已设置墩台，与河东墩台体系联为一体。而至迟到正统元年（1436），已升级为灰沟营，改属山西河曲县（今河曲县治）。楼子寨堡在黄甫川堡北 60 里，后来也被东徙至河曲县。万历年间，楼子寨堡戍楼、城堞还都存在。楼子营位于今山西河曲县楼子营镇所在地。

之所以改戍、东徙灰沟堡、楼子寨堡，是因为黄河在这一带呈现巨大弯曲，冲刷出大片平整河滩，非常适宜农垦与放牧，因此经济较为发达，人口较多，也相应成为蒙古骑兵掠夺的重点地区。但这一地区陕北军队应援不及，而山西军队又以

黄甫川堡（1）（2010 年摄）

黄甫川堡（2）（2010 年摄）

之并非本省管辖，不予援救，为此陕北军队与山西军队之间矛盾屡有发生。明朝为解决这一难题，干脆将这两个地区改归对岸的河曲县管辖，以便政令统一。

黄甫川堡依山面水，所依西面之山是横山支脉，所面东侧之河是黄甫川。因此，虽然黄甫川堡扼守要冲，但同样呈现了依托山险的特征，为与“扼要型”城堡相区别，可将之归为“依险型”城堡。

黄甫川发源于内蒙古准格尔旗牛武城点半沟，呈西北一东南走向，河道宽阔，向东流入黄河。黄甫川堡不断扩建，（万

黄甫川（2010 年摄）

历）《延绥镇志》记载堡的形状是两角抹平的正方形，周长3里310步，楼铺16座，墩台28座，属较大规模的城堡。万历三十五年（1607），延绥镇巡抚涂宗濬用砖包砌城堡。榆林诸营堡在这一年普遍实现了包砖。

黄甫川堡位于今榆林府谷县黄甫镇镇政府所在地，堡中心新修的建筑，北门上题“金黄甫”。当地流传着“金黄甫、银麻镇、铜哈则、铁古城”的说法，反映出黄甫川堡在很长一段时间里，是府谷负有盛名的地方。门两侧有旧民居多所，尤其东侧李家大院是榆林市重点文物保护单位，颇为古朴，门楼是高耸的木制结构。

黄甫川堡在西侧山上，西南高、东北低，墙体一直伸入黄甫川河谷。“文化大革命”期间，黄甫川堡遭到严重破坏，原来的布局、形状已经无法看清。目前仅西墙、北墙尚大体保存，但大部分已低矮，且被公路斩断。北墙西半段耸立山上，保存尚可，东半段延伸山下，受到修路、盖房的冲击，被大量铲毁、斩断。修筑铁路、公路斩断长城，是一件让人非常痛心疾首的事情。黄甫川堡东、南二墙破坏十分严重，其中南墙仅少部分残存。西墙大体完整，但北侧一段坍塌严重。西墙尚存西北角楼、西南角楼与中间一座楼铺，夯土十分完整。

黄甫川堡西侧、南侧各有圆形墩台一座，西南有方形墩台一座，东部、东北各有方形墩台一座。黄甫川堡北，沿黄甫川

两侧山上，有连绵不断的墩台。堡南通向清水营的道路上，也经常可以看见墩台屹立于群山之间。明代长城防御体系包括边墙、镇城、营堡、城寨、墩台等，从而形成了立体的网状防御体系，每种设施都各具功能，彼此之间密切配合、相互应援。就城堡与周边墩台的关系而言，周边的墩台不仅可以传递消息，也可以利用与城堡之间的距离空间，在蒙古势力攻城之时，形成反包围圈，更好地起到夹击作用。今天，许多榆林营堡、墩台由于地势较高，且有成堆的夯土，因此成了电线杆、发射塔的所在地。

黄甫川堡北墙（2010 年摄）

黄甫川堡东北墩台（2010 年摄）

黄甫川堡东墩台（2010 年摄）

黄甫川堡以南墩台（2010 年摄）

黄甫川堡北墙水门（2010 年摄）

值得注意的是，黄甫川堡北墙下黄甫川河床处，有一个水门，由于河水干涸，河道平坦宽阔，尚可直接通入堡中。

堡内西部高地原为宗教场所集中之处，遭到了彻底破坏，目前仅存的古佛殿也是重新修建而成。古佛殿中供释迦牟尼，西供关公，东供观音。堡东北侧伸入黄甫川部分有一座寺庙，维修得较新，上题“黄甫大庙”，将原来黄甫川堡所信仰之神集中在了一起。这种在一个空间内，杂祭不同宗教系统神灵的现象，在榆林明长城周边地区十分普遍。黄甫大庙后有一古牌坊，上书“雨旸时若”，反映了当地民众的祈雨习俗与愿望。

“雨旸时若”牌坊（2010 年摄）

庙西有清顺治十二年（1655）资助贡生的碑记。

堡内除了新建的宗教建筑，尚有两座新修的戏台。中国古代宗教场所不仅是信仰之地，也是社会公共空间，人们在节日祭拜神灵之余，参与各种民间活动，民间流行的所谓“迎神赛会”，便是将节庆、宗教、娱乐融为一体的社会现象。因此，中国古代宗教场所对面一般都有一座戏台。

新中国成立之后，在建立新的社会秩序的时代背景下，原有民间组织、宗教场所经历了集中的清理与改造。但改革开放之后，伴随着经济发展，原有观念体系逐渐遭到冲击，价值失

范现象越来越严重，许多民间传统再次回归。修族谱、建宗祠、盖庙宇、搭戏台，经历一次次运动才被换新颜的民间面貌，再次呈现了复古趋势，而且这种趋势越来越明显。可见，传统的力量经历数千年的积淀已经根深蒂固，成为民族本身的一种构造了。

黄甫川堡以西群山连绵，沿山脊大边墩台蔓延不绝，雄伟挺拔。堡南至清水营，除山上墩台外，河道西侧也多设置墩台，用于控制水道。只有置身于连绵的墩台之间，看着它们围绕营堡四面延伸，形成网状，才能对长城构成一个网状的立体动态防御体系，有着感性而真切的理解。正是通过这种网状结构，长城防御体系将来犯的北方民族骑兵困在埋伏圈中，切断平坦的交通线路，然后利用人数上的优势，加以围剿。长城的作用就是中原王朝利用地形的优势，削弱北方民族的骑兵优势。

考察长城，既需要很好的体力，又要有足够的勇气。黄甫川堡西北墩台位于山上，上来的时候已经费尽力气，下去时由于满山都是杂草，非常滑溜，稍有不慎，就会摔下山底。当时我灵机一动，选择沿着斜坡，坐在草上滑下。虽不雅观，但却非常实用，避免了很多危险，否则不知又要摔多少次。

黄甫川河水已经干涸，不过河床仍甚广阔，河床沙质，两边岩石挤压多层。河边芦苇飘荡，草色泛红，在夕阳之下，颇为美观。一牧羊人手持羊铲，散放羊群，在暮色中缓缓向南走

玉女墩（2010年摄）

去。由于陕北地区农业完全靠天吃饭，产量非常有限，因此牧业便成了他们的重要收入来源。羊铲则是榆林牧羊人的“利器”，每当羊不听话时，铲起地下沙粒，迎头扬去，对羊来说，可能像是沙尘暴一样，于是扭头便回。

黄甫川堡东北，在黄甫川的东侧，有一处伫立的小墩，在泛红的霞光中，孤芳自赏，一棵小树生长其上，宛如她在宁静地侧望，令人心动。为了一睹芳容，我在暮色中前去寻觅。看着近，其实走起来非常远，等到了之后，发现墩下是一片农田，小墩有铲削的痕迹，应该是农人为了扩大田地，日积月累

地从上面铲削，墩台日渐缩小，成为今日这般亭亭玉立。也许不用很久，这座“玉女墩”便会香消玉殒，这也是上千座分布于农田里的墩台共同的命运与最后的归宿，思之令人神伤。

在“玉女墩”以北的两侧山上，都有连续不断的墩台屹立在山顶之上，一同拱卫黄甫川堡，将黄甫川从蒙古人入侵的通道变为明军设伏的圈套。时光过去了数百年，嚣声远去，这些墩台也渐渐随风潜入渐沉的夜。

第三节 “三边”“扼要型”营堡

榆林西部是风沙草滩区，地势开阔而平坦。正统以前，在蒙古人尚未大规模进入河套时，榆林西部的地形缺陷还不是大的问题。正统以后，蒙古人大规模经由河套进入陕北，榆林西部由于防御薄弱，平坦的地形使其宛如一个巨大的缺口，呈现在蒙古骑兵面前。正统时期，明朝遂重点经营榆林西部，由西至东依次设立定边营、旧安边营、宁塞营、靖边营，从而构建了榆林南缘横向营堡防御体系，以直接、正面堵截蒙古经河套南下的道路。其中定边营、旧安边营、靖边营合称“三边”。营的建制比堡更高一级，不仅城池规模更大，而且守将职务也较高，以参将甚至副总兵驻守。

定边营是延绥镇最西的营城，位于今定边县城，始建于正统二年（1437），由守备延绥监察御史章聪设立。清代三边人赴内蒙古经商或移民，称“走三边”，与山西人“走西口”、山东人“闯关东”一样，都是清代北部边疆开发潮流之一脉。

定边营地处河套南缘，“城设在平川，系极冲上地”，逼临边境，控制着广阔平原，属于“扼要型”营堡。“本营四面平旷，无险可据，南藩环庆，西捍固靖，万一不虞，全陕便道。”营比堡规模要大，一般城堡规模在周长2里左右，而营城周长却在4里以上。成化十一年（1475），定边营周长4里170步，边墩5座：新安墩、新添墩、安静墩、平虏墩、安定墩。控制大边长城87里342步，崖砦小墩62座，川面水口4处。明中后期定边营不断扩建，嘉靖中期，游击将军梁震修筑了关城，楼铺28座。万历元年（1573），进一步展筑西关。万历三年、四年加高。万历六年（1578）砖砌牌楼、垛口，这一时期墩台已增为77座。据（万历）《延绥镇志》图示，定边营为正方形。

从榆林东部到西部，沿长城西行，沿途生态景观不断变化。从府谷县到榆林，是连绵不断的丘陵地带。而从榆林一路向西，经靖边县到定边县安边镇这一段，是一马平川的平原地带。突然变幻的地理面貌，一时竟给人一种难以适应的感觉。这一区域虽有小丘起伏，沙棘、沙蒿时见，但常见的是一幅田园景象，农田十分平整，相对于河西走廊的绿洲景观，更适合大规模农耕。遥遥向南观望，白于山蜿蜒起伏。但从安边镇继续向西至砖井镇，生态景观又有很大变化，逐渐过渡到沙地景象，沙棘、沙蒿侵蚀着茫茫大地，中间夹杂着大片的草地与少量的农田。再向西从砖井镇至定边县城这一段，俨然进入草原

地带。由于考察时是秋季，草都已收割，短短的草茬与沙丘连在一起，一片灰色，直连天际。虽无内蒙古草原的天高辽远，但也空旷得很。到了定边县附近，沙地再次出现，与草地交错分布，可见定边营位于典型的风沙草滩区。

快至定边时，天已甚暗。考察至此，旅程已经有十余天了，虽然仍有对前方未知的渴望，但毕竟不是一颗真正流浪的心，旅途的疲劳与孤独无法排解。夜色中，大巴进入定边县城。定边本来十分落后，但由于发现能源，建设得已很现代化，灯红酒绿，与大城市有些相似。在面馆吃饭时，多次叫老板未见回应。回应后，问我能否将西红柿面改为臊子面，因为前面一人要的是臊子面，一起好做。哭笑不得之余，我想这恐怕不只是好做，更可能因为这里蔬菜比较少，吃的人也少，老板存货不足。这种现象在以后的榆林考察中时常遇见，也可以作为榆林深受蒙古习俗影响，饮食中嗜肉的一种佐证。吃完饭后，沉沉睡去。

第二天寻找定边营故城，颇费周折。虽然在文物地图上，赫然标着定边营故城，但询问多人，都称不知。在这个因能源开发而暴富的县城，我就像堂吉诃德，显得那么不合时宜。于是，我找到定边县文物办公室，一位刚来工作的小伙子非常热情地接待了我，但他也不知道定边营故城在哪里。他打电话询问后，才告诉我所谓的定边营故城，目前故城仅存鼓楼及其北

侧土墩、西侧土墙。

定边营以鼓楼为中心，向四方延伸。1970年，修筑防空洞时，定边营城砖全被拆用。80年代以来，墙土多被民房建筑取用，部分城墙基做了民房地基。整个城垣今已严重残缺。县城内保存最好的定边营遗迹是鼓楼。鼓楼原为定边营玉皇阁，匾额尚存。

鼓楼下原有万历三十八年（1610）延绥盐粮同知罗昂撰《重修鼓楼玉皇阁记》，“文化大革命”中被毁，1993年重立。这块碑记载着一个以前很少有人注意的现象。关于中国古代民

定边营鼓楼（2009年摄）

间信仰，由于有大量文献、实物流传下来，得到了历史学家、民俗学家的广泛关注。但另一人数众多的特殊社会群体——军队的宗教信仰，却由于军中识字率较低，而未有相关文献留存下来，从而成为被遗忘的角落。其实，与普通百姓相比，士兵脱离家庭，甚至居于遥远的边疆地带，生命安全处于高风险状态，对于宗教信仰具有更强的心理需求，因此，军队中的宗教信仰应该是十分普遍的现象。

与普通民间信仰相比，明代军队，尤其长城地区军队的宗教信仰，具有一个明显特征，即信仰真武神。先秦时期，古星象学结合原始图腾，将二十八星宿图物化为四大区，依其形状，分别想象为龟、朱雀、龙、虎，称为“四象”，从而发展出“四象”（又称“四灵”）信仰，即北玄武、南朱雀、东青龙、西白虎。后来，“四象”信仰不断发展。军队在作战时，便用“四象”标识东、西、南、北方位，以便于军事指挥，“四象”也逐渐成为军队信仰的神灵。北宋以后，“四象”信仰之中，玄武信仰一枝独秀，为避北宋圣祖赵玄朗之讳，改称“真武”。朱棣发动“靖难之役”，鉴于起事于北方，故而宣扬自己获得了真武神庇佑，以鼓舞军心。登基之后，朱棣为赋予政权以合法性，极力提升真武神的地位，封为“北极镇天真武玄天上帝”，以国家名义扩建武当山，在此祭祀真武神。从此，真武神成为明代军队信仰的主神，在全国各地军队中，尤其北

方军队中，获得了广泛信仰。

《重修鼓楼玉皇阁记》便记载了榆林军队普遍信仰真武神，并且结成“会”，每年定期派遣代表，前往武当山进香祭祀。罗昂认为从榆林到湖广，路途过于遥远，为满足士兵的信仰需求，建议在定边营创设玉皇阁，建立祭祀真武神的官方场所，从而得到了上自总兵下至普通士兵的整个军队系统的支持，很快便修建完毕。该碑便是在玉皇阁落成之后，为记述事情始末而立。

1983—1984 年，陕西省文物局拨专款 10 万元，加固了定边鼓楼台座，翻修更换屋面的琉璃瓦，并拆除架设在台座上的高压变压器、电线等。现在，鼓楼已经成为定边县城核心地带的标志性建筑。

鼓楼北在 2009 年尚存一土墩，位于县医院对面的一户农家院墙处。旁边房屋写着大大的“拆”，这恐怕是近些年中国城市最常见的一个字。在表面的高歌猛进的同时，又搭进去多少文化损失？北土墩上用墨水写着手机号码，是民间的小广告。而当 2010 年，我再到此地时，发现北土墩已然在道路扩修中被拆除了。

鼓楼西尚存一段残墙，部分被当作民居墙体，甚至被挖洞、上锁，成为居室。虽然这段残墙尚未被拆除，但据当地人说，这条东西街在未来几年也会扩建，这段残墙自然也会被拆

除。那么，未来的定边营故城便仅存鼓楼了，令人唏嘘。

定边营鼓楼西残墙（2009 年摄）

定边营以东，是砖井堡，归定边营管辖。砖井堡军事地理与定边营一样，也属边境地带的“扼要型”城堡。砖井堡是在正统二年（1437）由章聪设立。当地有一口砖砌的井，故称“砖井堡”。关于该井，当地还流传着由于周边是盐碱滩，因此多数泉水味苦难饮，只有这口井的水甘甜不绝的传说。由于地势平漫，砖井堡守御较为困难，成化九年（1473），延绥镇巡抚余子俊将之向南迁移 50 里至东海螺城，改称“新兴堡”。嘉靖三十二年（1553），为加强榆林西部防御，重立砖井堡。明中后期砖井堡不断扩建，周长 3 里 250 步，楼铺 12 座。万历六年（1578）加高，砖砌牌墙、垛口，有墩台 22 座。

砖井堡位于今砖井镇北 1 公里处。据（万历）《延绥镇志》图示，砖井堡为长方形，但据实地考察所见，该堡实际呈正方形。砖井堡仅余夯土墙体，保存尚可，四周堡墙、四角敌台皆存，南部尚存瓮城，尤以北墙、西墙保存完整。东墙有所倾

坍，多处挖洞，且有民居、厕所傍墙而建。堡内 20 世纪 70 年代尚有居民，后全部迁出，改为农田，砖井堡才得以较为完整地保存下来。砖井堡北侧便是大边长城，却没有砖井堡这么幸运，被公路拦腰斩断。

旧安边营也是章聪在正统二年（1437）修建。从军事地理来看，旧安边营与定边营一样，都是在开阔的边境地带建立的“扼要型”营城。“城设在平川，系极冲中地。”“本营四面平漫，冲要难守。”“本边城建大道上，四面受敌，最难坚守。”明朝之所以在此地设营，是因为这一地区地势平坦，而忻都大川（今安边镇八里河）也在其东侧，由北向南流过。周边又有野马涧、柳树涧等重要河流。景泰时期，当时明军最骁勇善战的武将石彪，便在此取得野马涧大捷，夺取了对河套蒙古的首次重要胜利。鉴于当地位置的重要性，成化时期，明朝甚至有增设卫城的讨论。

旧安边营本名“安边营”。成化年间，余子俊修筑二边长城后，将安边营迁至今榆林定边县新安边镇，称“新安边营”，原安边营一度荒废。成化末年，鉴于定边营孤立，缺乏支援，再次回迁，故称“旧安边营”。明中后期旧安边营不断扩建，城周长 4 里 3 分，楼铺 20 座。隆庆六年（1572），加高 3 丈 4 尺。万历六年（1578），砖砌牌墙、垛口 5 尺，共高 3 丈 9 尺，有墩台 49 座。此后又增修两座墩台，共 51 座墩台。据（万历）

砖井堡东墙南端（2010 年摄）

砖井堡东墙（2010 年摄）

砖井堡南瓮城门（2010 年摄）

砖井堡内（2010 年摄）

《延绥镇志》图示，旧安边营为长方形，实地考察也证实了这一点。

旧安边营位于今定边县安边镇镇政府所在地。考察完定边营后，我坐车去安边镇，考察旧安边营。途中，不时可以看到墩台屹立于农田之中，在一马平川的平原上，十分引人注目。

旧安边营规模颇大，整个安边镇都在旧址之内。1970 年修筑防空洞时，旧安边营城砖全被拆用。目前尚存东、北、南三面墙。其中北墙虽有一大豁口，但却最为雄壮，并存有两个楼

铺遗址。其中一段的底层、顶部仍遗留很多拆剩的城砖。这段城墙宛如龙头，在受尽苦难后，仍然屹立不倒。

东、南墙却基本成为民居的院墙了，因此被挖空、斩断的现象更为严重。在旧安边营东北角，有两座依墙而建的夯土小屋，右边城墙被完全斩断，左边城墙也被挖了一个很大的半月洞门和一个用于贮存东西的半月洞穴。榆林山区由于地形限制，不易修筑房屋，因此挖窑洞供人居住。而在窑洞旁边，榆林人经常挖掘洞穴，用于保存物资。旧安边营虽然居于平原，建筑房屋相对便利，但当地人仍沿袭了窑洞习俗，竟然将城墙作为挖掘对象。在这一惨痛景象的旁边，一簇簇野草开着白色的小花，生意盎然，丑恶与美丽就是这样相伴而生。

继续向南，可以发现旧安边营东墙之上，附着不少草丛。墙体也开始出现较大的裂缝，部分段落有歪斜甚至倒塌之势。东墙中间尚存楼铺夯土遗址两座，其中一座较为完整，与东北角楼威势相仿。

旧安边营南墙虽然斩断处甚多，部分被圈围在老乡院中，但残存部分仍十分高大。与东、北城墙看起来较为松散不同，旧安边营南城墙夯筑十分坚实，在太阳的照耀下，熠熠生辉。

旧安边营四角角楼都存有遗址，皆甚高大，尤以东北角楼夯土最为完整，在平坦的大地上，非常具有气势，周围是人们经常攀爬留下的几条印迹。西北角楼长满了草，像个肥肥的刺

旧安边营北墙（1）（2009 年摄）

旧安边营北墙（2）（2009 年摄）

旧安边营东墙（2009 年摄）

旧安边营东北角楼（2009 年摄）

旧安边营东南角楼（2009 年摄）

猬，上面耸立着电线杆。虽然旧安边营破坏十分严重，但残存的夯土城墙仍雄伟地屹立于平原之上，气势宏大，可以想见明代原营城该是多么的壮丽巍峨！

在北墙根，靠墙搭起了一个窝棚，一位老人住在里面，尽管他说自己其实是住在镇里的。当我问起旧安边故城时，老人很感慨地说他小时候整个古城保存完好，他经常在城墙上玩耍，城里庙宇众多。1958年，便开始拆除，当时是为了修桥，老百姓也拆砖修房子。“文化大革命”时进一步拆除。他当时也知道这样做不对，但没办法，只能顺应形势。一般人回忆起文物拆除史，多追溯至“文化大革命”，但“大跃进”、“四清”其实也是两个关键事件，只是人们的记忆都留在了影响更大的“文化大革命”上。

即使现在，夯土城墙也仍然是人们打地基时土源的选择。讲到旧安边故城的毁坏，老人很痛惜，说：“可惜这个城了。这个事只有政府来管，老百姓怎么管呢？”老人确实点出了目前长城保护的制度困境。这种惋惜与慨叹，在榆林长城考察途中经常可以听到。

旧安边营南部是安边镇，北部有一片空地，长满了荒草。荒草之中，堆满了各种各样的垃圾。虽然在榆林长城考察途中经常目睹这一现象，但第一次在如此广阔的城堡中看到堆积满地的垃圾，仍然感到震惊。长期以来，中国经济发展是一种粗

放型增长，以环境破坏为代价，很多农村不再是山清水秀，而是垃圾满地，臭味熏天。长城所在的地区基本位于旧城区、旧镇区、旧村区，所以往往成为开辟新地之后的废墟所在。在现代化的前进脚步中，昔日多少美好事物被弃之如敝屣！

旧安边营北数里有一段高大的大边长城。还是那位老人讲，长城呈拱形，在安边东北，包围着旧安边故城。营城北面的荒地，最初也是荒地。按以前的观念，旧安边营是“皇城地界”，是“城里”，盖满了房子。北面的荒地是故意划出的，不许老百姓种地。老百姓种地都在长城以北。他说的应该是清代以来的情形。榆林诸多营堡规模都很大，甚至与榆林城相侔，一些营堡在入清之后，直接改为县城，其他营堡也大多成为镇城。因此，在当地人心目中，城堡就是官家所在地，是“皇城地界”。不过在明代，由于城堡以内居住者是正军，城堡以外居住者是军余或农民，大都同属于军队系统，界限并不明显。

旧安边营原来庙宇众多，后都被拆毁。目前营南有重修的镇安寺道观与真武观。镇安寺观存清代乾隆“忠义师表”匾，道光“元武圣神”、“普济群生”二匾。但从“普济群生”匾上题“三官庙铸建旗杆告殁”字样来看，似乎以上三方匾额，原镌刻于旧安边营三官庙之上。三官庙供奉的是道教的天官、地官、水官，在明清时期榆林地区十分流行，考察途中便发现多

座三官庙。从三方匾额张冠李戴的情况来看，可能当代在重修旧安边营被拆毁的宗教场所时，修复了镇安寺观，但未重修三官庙。当地民众将拆下的三官庙匾额置于镇安寺道观之上。

离开旧安边营多年了，我仍经常想起那位老人在夕阳西下，面对残破不堪的旧安边营时留下的背影与叹息。闻一多先生的名诗《死水》这样写道：“这是一沟绝望的死水，这里断不是美的所在，不如让给丑恶来开垦，看它造出个什么世界。”两名少年，仍在旧安边营北墙的废墟上寻找着失落的世界。而我，也在一群小狗——长城废墟的主要主人——的狂吠与追逐中，仓皇逃离。我可以逃离，可以忘记，而长城，却只能承受，承受命运中不可承受之痛，直到最终的毁灭。

旧安边营东南五里处有墩台数座，其中尤以五里墩最为高大。五里墩是我考察榆林长城所见的第一座空心敌台，如此雄伟巨大，完全改变了我以往对墩台的印象。在漫山遍野的紫幽幽的荞麦花中，五里墩高高地耸立。

五里墩是一座空心敌台，控制着大边长城。五里墩周围由墩院围绕，围墙是正方形，五里墩呈菱形。墩南侧有一拱形门洞。墩南部有一洞口，甚是低矮，匍匐才能进入。我被一个小伙子领着，进了地洞。这个小伙子来自南方，是专门过来养蜂的，荞麦花中漫天飞舞的蜜蜂，便是他养的。他在花开的时候来，花落的时候走。每天都坐在五里墩上，没事的时候，就攀

五里墩（2010 年摄）

缘五里墩。我宁愿把他视作五里墩守卫士兵的转世，因无法割舍前世的牵绊，今世仍厮守在这里。

在他的带领下，我进入墩底中心，地洞通向三个方向。他非常熟悉五里墩，领着我向一个洞口爬去，原来这里有一个洞口直接通向墩顶，两旁开凿有坎，双手抓住上面之坎，双脚蹬牢下面之坎，可以向上攀爬。我心中很是害怕，因为有些坎较浅，一不小心，便会摔下去。快接近洞顶时，坎多甚浅，需要蹬牢，心中的恐惧到了极限。

田野考察不仅需要丰富的学识，还需要体力、勇气、信

心，甚至细心与运气，在很多时候其实是在用生命做赌注。费孝通原配妻子王同惠，便在二人新婚后的第一次考察途中落水而亡。在榆林长城考察中，尽管无限风光在险峰，登顶的诱惑有时真的难以抗拒，但出于安全考虑，很多时候我还是选择了适可而止，因此尽管有不少小伤，但是却无大碍。

站在五里墩顶上，四下望去，大边长城由西北至东南蜿蜒而来。墩台西、南、北皆有墙体围绕，南侧开门，形成一座瓮城。五里墩北侧尚有墩台一座，两座墩台被开辟的道路隔断。沿线大边长城有坍塌现象。

第四节　无定河“依险型”营堡的初建

同样在正统二年（1437），由章聪修建的营堡还有宁塞营。但宁塞营军事地理与定边营、砖井堡、旧安边营不同，不是处于边境平原的“依险型”城堡，而是在位置稍内的河道山坡之上，建立的控制交通要道的“依险型”城堡。宁塞营与这一时期明朝在陕北河流地带建立的其他营堡一起，阻止了蒙古骑兵沿河道进入陕北内地，构成了明前期陕北纵向营堡防御体系。

宁塞营位置尚不明确，大体在今榆林靖边县、延安吴起县交界处的红柳河西岸饮马坡村附近。由于白于山地势较高，红柳河流向此地后，逐渐向四周蔓延而形成大小不等的湖泊，使周边地区生态颇好。宁塞营便建在红柳河西岸的山坡之上，虽然四面枕山，但由于周边地形较为平坦，东、南、北三面都是平原，又南启进入延安的广阔通道，因此这一地区“通贼处所甚多，极为冲要”。

白于山前的湖泊（2010 年摄）

据（万历）《延绥镇志》记载，宁塞营是在北宋故城兀刺城基础上修建而成。宁塞营周长 4 里 3 分，楼铺 18 座。隆庆六年（1572），牌楼、垛口高 2 丈 8 尺。万历六年（1578），砖砌牌楼、垛口，并进一步加高 5 尺，共高 3 丈 3 尺，有墩台 56 座。据（万历）《延绥镇志》图示，宁塞营呈缺了一角的长方形。宁塞营破坏较为严重，现存部分城垣、角楼、楼铺与鼓楼。

章聪设立宁塞营，不仅是为了控制蒙古势力沿红柳河南下直入延安的交通要道，而且也是为了保障在其东南的大盐池。盐在任何社会，都是关系国计民生的关键资源。在中国古代，

盐一直是国家竭力控制的对象。大盐池在今延安志丹县境内，是明代陕北重要的产盐地，明朝初年便在其附近设置巡检司与把截所，重点加以控制，防止盗挖、抢掠。章聪设置宁塞营，正是为了阻止蒙古骑兵抢掠大盐池食盐。或者说，宁塞营具有保障经济资源的作用。可见，长城在中国古代，不仅有军事防御功能，还有保障经济的功能。

章聪设计的营堡体系，不仅充分结合了陕北地形，实现其防御效果的最大化，而且最大限度地保障人口、物资，并尽量调动民众力量，实现与军队的协作防御，是从多个方面保障陕北社会的综合措施。这种立意也在此后的延绥镇长城防御体系中一直得到继承与发扬。

正统时期，明朝在榆林西部建立的"依险型"营堡，除宁塞营外，还依托无定河支流芦河，先后建立了白洛城、龙州寨与靖边营。

白洛城，又作白落城。正统三年（1438），指挥张英在芦河支流清平堡河，即今靖边县东 80 里高家沟乡南门沟村修筑。成化二年（1466），兵部尚书王复将白洛城东移至今靖边县城东 80 里的高家沟乡北境，惠桥水库附近的砖营儿，改名清平堡。成化七年（1471），延绥镇巡抚余子俊鉴于砖营儿距水太远，于是将清平堡重新徙回旧址。

清平堡虽属"依险型"城堡，"城设在山原，系极冲中

地”，北、东、南三面环水，但山形较为平坦。“南面平漫，直通白落城、卧牛城等处。军少边冲，易犯难守。”据载，成化十一年（1475），清平堡周长3里230步，边墩4座：硬道墕墩、鹰窝山墩、臭栢峰墩、新添墩。控制二边长城70里342步，崖砦小墩23座，川面水口7处。属较大规模城堡。明中后期清平堡不断扩建，楼铺13座。万历六年（1578），砖砌牌墙、垛口5尺，共高3丈2尺。（康熙）《延绥镇志》记载清平堡有墩台31座。据（万历）《延绥镇志》图示，清平堡为宽扁的水龙头形。

清平堡原属横山县，1942年划归靖边县，据温怀德主编《靖边县志》载：清平堡东、北城垣是从斜坡劈下的土崖，外用砖砌而成。现西、南城垣多被黄沙掩埋。据城中现存瓦砾堆推测，城北半部原为建筑群落。

龙州寨位于今靖边县城东南18公里处，东芦河沿岸的龙州乡西大涧，至迟在正统六年（1441）已建立。

至迟在正统十二年（1447），明朝依托西芦河，建立了榆林西部最后一个营——靖边营。靖边营位于今靖边县新城乡政府所在地，与宁塞营相似，也属“依险型”城堡，靖边营虽然设在平原地带，“城设在平原，系极冲上地”。但周边地势险峻，“营东、西、北皆天堑深沟，堪以据守。南面涧口虽平，近筑新军、家丁二营以为重障，城守颇易”，控制着由西芦河

流入白于山汇聚而成的良好生态地带。

成化十一年（1475），靖边营周长3里92步，边墩6座：镇宁墩、长宁墩、永固墩、威远墩、保定墩、红柳河口墩。控制大边长城73里252步，崖砦小墩32座，川面水口14处。明中后期靖边营不断扩建，楼铺29座。隆庆六年（1572），加高3丈。万历六年（1578），砖砌牌墙、垛口5尺，共高3丈5尺。（康熙）《延绥镇志》记载靖边营有墩台43座。据（万历）《延绥镇志》图示，靖边营为长方形。清代以来，靖边营屡遭破坏，现仅存部分城垣及角楼。

而在芦河流域，正统时期，明朝可能还在大兔鹘寨的基础上，升级而建立了大兔鹘堡。大兔鹘堡位于今横山县塔湾镇南。成化初年，兵部尚书王复将大兔鹘堡北移至塔湾镇西南一公里处的红石岩上的响铃塔。成化五年（1469），延绥镇巡抚王锐向东越过芦河，迁移大兔鹘堡至塔湾镇东，并改名"威武堡"。

在榆林东部，章聪建立了高家堡与水地湾寨。高家堡位于今榆林神木县高家堡镇，地处秃尾河、永利河东南角的河谷之上，地势平坦，"城设在平川，系极冲上地"。之所以在此筑堡，是为了控扼蒙古部众从秃尾河、永利河进入陕北的军事枢纽，因此高家堡属于"扼要型"城堡。"堡修在川中，四面平旷，无险可恃。西北高山，俯视城中，虚实易见。虏若抵川，

南犯葭州之豆峪，东犯神木之大和砦，西绝建安之柴炭道路。极冲难守。”

成化十一年（1475），高家堡周长1里300步，边墩8座：绵羊头墩、峰子梁墩、高家堡墩、金刚墩、老虎山墩、高庙儿墩、杏树梁墩、牛皮要墩。控制大边长城60里119步，崖砦小墩27座，川面水口31处。属小规模城堡。明中后期高家堡不断扩建，万历时期周长3里89步，有楼铺15座，墩台44座。万历三十五年（1607），延绥镇巡抚用砖包砌该堡。据（万历）《延绥镇志》图示，高家堡为正方形，实地考察也证实了这一记载。

去高家堡是在一个雪后的下午，由于靠近河套，这里雪下得较大，给灰色的古城披上了一层素纱。为了保护古城，高家堡居民现在大多已经从旧城迁到了东南靠近公路的地方，堡里只留下一些住惯了不愿搬出的老人，他们一辈子住在高家堡，对这里感情很深，一位老大爷说：“年轻人都不住在这里了，等我们死了，高家堡也就没有了。”他这样一句感慨的话，反映出当地老一辈人对高家堡的情感认知。现在文物保护强调整体性，不仅要保护物质的建筑，而且要保护文化的建筑，避免建筑成为一堆没有生气的死建筑。

高家堡是明代榆林营堡中保存较好的，也因此成为电视剧《平凡的世界》的外拍景地。拍摄结束了，当地并未拆掉布

高家堡（2016 年摄）

景，而是就此进行了旅游开发，堡内许多建筑上还写着剧中的地名。

高家堡四面城墙皆有残存，墙基石筑，上半部分内部是夯土，外为包砖或瓦砾。城墙石基非常整齐，数百年雨水冲刷，使之呈现厚重、沧桑的黄褐色。高家堡四面城墙中，以北墙最为完整，中间的敌楼、两角的角楼基址皆存，上面的角楼已被拆除。目前敌楼上方的三官庙正在重建，旁边的墙体也有所修复。只是敌楼西侧开了一个 20 米左右的口子。北墙为加强防御，并未开有大门，而是设了三座方便出入的暗门。现在，北墙被当地居民辟成了院墙，暗门也被老乡用砖头堵上了。同样

为加强防御，北墙东部呈现“之”字形，增加了防御面积与立体性。

东、西、南三面城墙破坏较为严重。东城墙也大量被辟为院墙，东门门楼已不存，匾额虽在，但字却没有了。不过东北角楼基址仍然很完整。

高家堡北墙（2016 年摄）

高家堡北墙暗门（2016 年摄）

高家堡北“之”字墙（2016 年摄）

西门已不存，西墙北端仅残留一点墙体，向南部分先是被开了一个大口子，接着是被大段拆毁，在原地修建了一座非常宽的两层小楼，看上去让人很震撼。中间二层的一间房子上，还写着繁体的“会议室”三个字，应是作为当地行政办公之用。而再向南的部分，则被当地居民辟为院墙。南墙西半部分被一大排窑洞所取代，这些窑洞可能是用于储备粮食的粮库。中间部分的南门在新中国成立后被开辟为汽车站，近几年才迁走汽车站，重建南门。南门与之前在其他地方看到的直接向南开不同，是向东开了一个小侧门。重修城墙所用的石头较原城墙石头发亮，也更大。南墙仅重修了南门附近的一段墙体，以

高家堡东门（2016 年摄）

东的城墙仍保持现状，外侧石头保存较好，东南角楼也保存了基址。内侧石头却大部分已被拆除，夯土大量裸露，甚至坍塌，成了倒垃圾的地方。

高家堡城内格局非常规整，形成以中兴楼为核心，以南门、北敌台为南北中轴线，以东门、西门为东西中轴线的“十”字形布局；而在纵横两条中轴线的外围，同样是走向比较规整的一条条小巷。可见，高家堡的整体布局是以中兴楼为中心，向四面辐射。其实明代营堡大多皆是如此，只是高家堡地形平坦开阔，因此显得更为整齐。中兴楼保存完整，东匾额题“中兴楼”，西匾额题“幽陵瞻”，南匾额题“镇中央”，北匾额题“半接天”，二层建有玉皇阁、日月洞、观音殿、老爷殿。日月洞之建，据旁边所立碑文介绍，是由于明军经常于太阳、月光之下誓师防御。老爷殿又称“关帝殿”，在北方地区很流行。高家堡街巷两旁，尚保存有大量明清建筑。高家堡东部有城隍庙，东南有地藏庵。站在南门之上，俯视全堡，落日余晖倾洒下来，在高家堡深厚的历史积淀上，染上一层金黄，使这里既庄重而又充满想象。

高家堡东西两侧山上，都分布着墩台。东北山上分布有两座墩台。一座虽然远看起来是方形，但其实是圆形，旁边是高厚的土层，可能原来是个墩院，后来夯土坍塌，成了目前的样子。这座墩台根据其位置，姑且可称之为“高家堡东北一号墩

高家堡南墙（2016 年摄　夯土被完全拆除，外墙被老乡改造为屋墙，现在房屋已拆除）

中兴楼（2016 年摄）

台”。这座墩台下面被挖了一圈通道，并开了许多洞口，应是墩军躲避、休息之所。该墩台南边被开辟成为坟场。如同信号塔、风力发电大都建在墩台旁边一样，坟场选址是考虑风水的原因，大多都选在了地势高耸开阔、上风上水的墩台旁边。另一座墩台较远，是方形，倾颓较为严重，已不伟岸。以其地理位置，可称之为“高家堡东北二号墩台”。

在高家堡东山上，有一座墩台，沿自东向西流淌的永利河南岸修筑，监视沿黄河南下后，再沿永利河西进的蒙古部众。这座墩台西半部分夯土大片倾颓，下面有砖石，稍能起到支撑作用。以其地理位置，姑且称之为“高家堡东墩台”。在该墩台以东很远的地方，还有一座墩台，因为距离较远，未去考察。

高家堡东南山上，有两座墩台，一座内为夯土，外包以石条，旁边有一个小屋，原来应该是一个信仰场所，但现在屋里什么都没有了。该墩台与小屋处于一个轮廓明显的长方形台基之上，这里可能原来是个墩院。鉴于这座墩台的地理位置，可称之为“高家堡东南一号墩台”。另一座墩台距离一号墩台约有五十米，完全是夯土筑成，倾颓较为严重，北侧被挖开了一个口子。鉴于其地理位置，可称其为“高家堡东南二号墩台”。

高家堡西侧山上，极目所及，有三座墩台，西北有两座，西南有一座，但由于时间关系，未能前往考察，非常遗憾。

高家堡东北一号墩台（2016 年摄）

高家堡东南一号墩台（2016 年摄）

考察完高家堡后，向北进发，先是路过永利河。永利河河面并不宽，河水也不多，潺潺流过。河道里有几头牛正在气定神闲地吃草，看人过来，便目不转睛地盯着，直到你走远。与牛不同，稍远些的看家狗，远远听见人来，早就叫起来了，同样直到你远去，它才停止。高家堡北的永利河有一座老桥、一座新桥。老桥是一座铁链桥，下面铺着木板，其中有些木板已经折掉了。走在老桥上，晃晃悠悠，尤其看到那些折掉的木板，甚是恐惧。新桥可以通车，修筑之后，老桥便不再是主道了，偶尔才有行人走过。

永利河向西，与秃尾河交汇，这一地带芦苇漫天飞舞，与西面的雪山相呼应。透过与人差不多高的芦苇，看着远处的夕阳洒在对面山上的庙宇上，听着流水潺潺，芦苇沙沙，不禁想起《诗经》所写："蒹葭苍苍，白露为霜，所谓伊人，在水一方。"美景，从来不是"十一"黄金周的人头攒动，而是心灵放逐的天涯回眸。

与永利河不同，秃尾河非常宽阔，水流量也大，河水有一半已经结冰，或者覆盖着厚厚的白雪，仅有一半河水仍在流淌。以前读史书，总看到蒙古部众在陕北循川而行、踏冰而来，对河道的宽度、冰的坚硬度总是有些怀疑。这次算是有了直观体验。在秃尾河河道中，远远看见玄塔路桥，是一座拱形桥。玄塔路桥东侧有条小水沟，是《明实录》中经常出现的金

秃尾河与永利河交汇处（2016 年摄）

秃尾河（2016 年摄）

刚沟。金刚沟北侧有两座墩台，都修筑于紧靠秃尾河的山包之顶。南墩台规模较小，内为夯土，外包石条；北墩台规模较大，完全是夯土的。金刚沟旁有座紫色的小庙，无题额，据碑记所载，是观音庙，但里面供奉的却是关羽。

考察完金刚沟墩台，穿过玄塔路桥，进到玄塔路村的东半部分，穿过该村，向西攀爬上一座荒山。山上满是密密麻麻的灌木丛、枣树，因此像《西游记》里的树精一样，经常把我拦着、包围，甚至绊倒。地面满是杂草，由于正下着雪，雪堆积在干草上，十分光滑，我不时滑倒，真是狼狈。我的体力真是已经达到了极限，腿、膝盖非常疼，很多时候都是在一步步挪着走，跟瘸了一样。但收获也是很大的，攀爬到山顶，一下子被眼前的景象惊呆了，一下子看到三座墩台，再向前走，又不时看到墩台，原来这便是榆林大边长城。沿红柳河南侧，每一个山头，也就是大约相隔200米，便是一座墩台，墩台皆呈方形，皆有方形墩院，所有墩台都矗立在靠近红柳河的山顶之上，形成一道与红柳河平行的墩台链。此次考察了八座墩台，大多数墩台内部是夯土，外包砖石，目前砖石大都已经散落，夯土裸露。只有一座墩台外包青色城砖，前部城砖颜色显得更蓝，显然是后期帮筑而成。该墩台还有一座拱券门洞，但被散落的城砖掩埋了。

令人奇怪的是，红柳河墩台属于榆林大边长城，但此次考

金刚沟南墩台（2016年摄）

察仅看到30米左右的夯土边墙，位于山坡之上，其他边墙并未见到。那么，这一区域的大边长城，是否只是墩台群落呢？

红柳河道并不宽，河水也不多，两岸种满了柳树，有的柳树已经很粗大。至于是不是红色叶子，由于是冬季，无法判断。

水地湾寨也筑于正统二年（1437），位于今榆林榆阳区刘千河乡境内。

无定河是榆林最大的河流，发源于定边县白于山北麓，由西北向东南，流经靖边新桥后称无定河，沿途与榆溪河、芦河、大理河、淮宁河等相连，全长近千里，流经定边、靖边、

米脂、绥德与清涧县，在清涧县河口注入黄河。

明初在无定河沿岸修筑了响水寨、鱼儿河寨、波罗寺寨。正统以后，明朝除了在榆林边境扼要筑守营堡，为防范蒙古势力突破边境，沿无定河深入陕北，还开始升级沿岸军寨为城堡。而波罗堡是第一个在正统十年（1445）升级为堡的，此后陆续沿其下游升级或增筑。

正统十年（1445），延绥镇巡抚马恭在无定河中游建立了波罗堡。“波罗”一词为佛语，意为“渡到彼岸”。之所以有此地名，是因为当地传说无定河南岸岩石之上，有两个巨大的脚印，是波罗佛到此留下的。波罗堡虽属“依险型”城堡，“城设在山畔，系极冲中地”，但地理存在缺陷，堡东南一漫平沙，难于摆守。虽然北部有无定河作为屏障，但到了冬季，蒙古骑兵可以踏冰直入。

成化十一年（1475），波罗堡周长2里11步，边墩7座：定远墩、海子山墩、广武墩、黑河山墩、硬地梁墩、石马山墩、摆剌峰墩。控制二边长城55里270步，崖砦小墩28座，川面水口14处，属中等规模堡。明中后期波罗堡不断扩建，万历时期周长2里270步，楼铺10座。万历元年（1573）重修。万历六年、七年，加高帮厚，砖砌牌墙、垛口，共高3丈5尺，有墩台35座。据（万历）《延绥镇志》图示，波罗堡呈鞋状。

波罗堡位于今横山县波罗镇镇政府所在地，地处黄云山

波罗堡北无定河（2009年摄）

顶，北为无定河。从南向北望黄云山，地处蓝天之下，是一座较为平坦的山原，正适合修筑城堡。无定河滩非常宽阔，虽然水流已远不及前，但仍然十分壮观。由于无定河水减少，波罗镇民众纷纷迁至河谷之中居住，并开垦出肥沃的良田。

波罗堡据称是目前榆林营堡中保存最好的城堡，是榆林诸堡中唯一的陕西省文物保护单位，当我对当地人这么说时，他们异常惊讶地说："这还算保护好的？几乎都被毁了。"事实也如老乡们说的那样，波罗堡同样破坏十分严重。波罗堡四面城墙都有残存，西、北二墙面向无定河，修筑于山崖边上，随山形迂曲延伸，现已非常低矮，甚至仅留痕迹。

波罗堡东、南二墙较高大。东墙坍塌、挖断处甚多。其中一处断墙，正面看，侧面看，后面看，都形似怪兽。正面看，有一种恐怖与沧桑感。侧面看，颇有蔑视一切的镇定与霸气。从后面看，则又如庞然大物。东墙北端宛如一个龙头，俯窥无定河，实为榆林营堡控制河谷的形象体现。墙根尚有未及挖走的墙砖，又有散落一地的碎块，令人痛心。东墙中部尚存楼铺

波罗堡灵霄塔（2009 年摄）

波罗堡凌霄殿（2009 年摄）

一座，且有暗门一处。波罗堡东南角尚存角楼夯土遗址一座，较为完整。南墙部分墙体尚为砖筑，但大多已剥落，夯土露于外，倾危严重。即使如此，相对于其他三面之墙，南墙仍是保存最好的，其规模与榆林城墙相去不远。南墙由于筑于山崖之上，紧邻山谷，气势壮观。可见波罗堡其他三面之墙，尤其是面对无定河的西、北二墙，在未破坏之时，当会何等壮观。

波罗堡尚存城门四座：大南门、小南门；大西门、小西门。大南门城楼包砖已被拆除，仅门洞尚存包砖。大南门旁边堆积了拆城时留下的大量夯土、瓦砾，因此城门显得较为低矮。小南门已处荒野之中。大、小南门之外，波罗堡南墙外部尚存瓮城一座，仍保留着较为完整的格局。两座砖筑门洞也因被掩埋于废墟之中，显得较为低矮。波罗堡大西门仍为砖筑，甚为雄伟，上题“凤翥”。小西门经过重修，上题“通顺”。与南门不同，两个西门因下临山谷，显得气势雄伟。

波罗堡四面尚存八座墩台。其中与波罗堡一路相隔的西北山上，尚存墩台一座。而与波罗堡相隔一道山谷的东部之山，尚存夯土墩台四座，两座完好，另两座大半坍塌。波罗堡东南尚存三座墩台。波罗堡西南也尚存一座较为高大的墩台。

波罗堡内有许多废弃建筑，拆城留下的瓦砾，仍处处可见。堡中心平坦地带，应是波罗堡原来最为核心的地方，北部被开辟成了农田，南部成为坟墓的集中区。

波罗堡北墙（2009 年摄）

波罗堡东南角楼（2009 年摄）

波罗堡东墙怪兽状残墙（2009 年摄）

波罗堡东墙残砖（2009 年摄）

波罗堡东墙（2009 年摄）

波罗堡南墙（1）（2009 年摄）

波罗堡南墙（2）（2009 年摄）

波罗堡大南门（2009 年摄）

波罗堡南瓮城（2009 年摄）

波罗堡大西门（2009 年摄）

波罗堡内建筑（2009 年摄）

波罗堡内外曾有玉帝楼、灵霄殿、三官楼、城隍庙、河神庙、老爷庙等40余座庙宇，但皆毁于“文化大革命”。波罗堡保存最早的一方碑刻，立于元至正十年（1350），名《重修玄帝庙碑记》，因长期风化、表层脱落，碑文无法卒读，大体记载了住持僧人传德募化建庙的故事。堡中除凌霄塔、接引寺外，仅存重修的灵霄殿，灵霄殿修于嘉靖三十二年（1553），重修碑记载了灵霄殿因用以储存粮食，得以在“文化大革命”中幸免于难。

接引寺位于黄云山山脚下，波罗堡的外围，曾遭地震、兵祸，目前为重修过的样子。寺内尚存几块明清碑刻，但堆积在一起，无法阅读。当代人撰写的《接引寺兴废略》记载了自唐以来，接引寺兴废经过，记载了蒙古势力、李自成军来犯波罗堡，皆沿无定河河谷，至西门滩登陆，围攻波罗堡。

波罗堡由于地势较高，饮水困难，山脚下的“国家以工代赈工程波罗镇波罗村人饮工程”牌子证明了这一点。值得注意的是，这块牌子在榆林许多营堡中都有，反映出黄土高原用水的困难。在当今技术条件下，榆林用水尚且如此困难，明代更是如此，也因此出于用水方便的考虑，多次迁移城堡。

综合考察结果来看，波罗堡虽破坏严重，但仍是我在榆林考察所见中比较好的，这真是一种讽刺。正因如此，当地政府打算重新修复此堡，并在此地建立影视基地。希望这种修复、开发能遵循文物保护的原则，不要以破坏波罗堡的原貌为代价。

第四章

『土木之变』后的『搜套』攻势防御与延绥设镇

伴随漠南防线的崩溃，明朝丧失了对蒙古高原的主导权，尤其“土木之变”后，蒙古各部陆续进入河套地区，明朝为驱逐河套的蒙古部众，采取主动进攻的方式，发动“搜套”战争，防止其再次南下。这是一种“攻势防御”。在实行“搜套”的同时，明朝在榆林地区建立了延绥镇，以阻止蒙古势力南下陕北腹里，榆林从而由明朝防御薄弱之地，一举成为明朝“九边”军事重镇之一。

第一节　明军的“搜套”

正统十四年（1449），发生了历史上著名的“土木之变”。“土木之变”后，瓦剌突破明朝北部边疆防线，在遭到抵抗后，逐渐向西，即瓦剌大本营方向迁移。途中曾驻扎于河套东北的广阔地带，并有大规模越过河套，进攻榆林、宁夏，甚至陕西内地之举。不仅如此，瓦剌依仗军事力量，甚至开始改变以往抢罢即走的流动方式，越季居于河套。有鉴于此，明朝也开始改变以往在河套周边抵御蒙古部落的方式，主动进入河套搜剿瓦剌，开始了明中后期“搜套”的历程。

所谓“搜套”，是指明中后期，明朝在蒙古势力进入河套的军事背景下，为防止河套被其长期控制，成为进攻陕西、山西、宁夏的前沿地区，从而主动出兵河套地区，在广阔的空间内，搜剿敌人。这种战略虽然表面看来是进攻性的，但作战区域是在本方疆土，目的在于驱逐蒙古势力，防止其再次南下，而非进攻蒙古高原，因此从现代军事学术语来看，是一种“攻势防御”。

瓦剌在明军抵御之下，于景泰元年（1450）撤出河套，回至大漠。

也先退回蒙古高原后，杀死脱脱不花汗，自立为汗，成为蒙古历史上唯一非黄金家族成员即位的大汗。由于成吉思汗在蒙古部众心目中具有崇高无上的地位，因此在蒙古草原形成了历任大汗都须由成吉思汗的子孙（被称为黄金家族者）担任的政治传统。忽必烈统一中国，建立元朝，又促使大汗之位进一步限定在忽必烈后裔中。这一传统在元朝覆亡，北元退归草原之后，仍然延续了下来。洪武晚期，窝阔台后裔鬼力赤夺回被拖雷家族占据百年的汗位，尚且被蒙古部众视为非法，因而很快败亡。也先只是出身于蒙古别部的瓦剌，自然更不具备称汗的合法性，因此他的篡位遭到了鞑靼各部的强烈反对。而瓦剌内部也出现了权力之争，也先在称汗不久，便被阿剌知院杀死。

也先死后，鞑靼非黄金家族的孛来拥立脱脱不花幼子马可古儿吉思（明称“小王子”）为可汗，孛来自任太师，掌握着实际的权力。对于孛来的专权行为，黄金家族的毛里孩非常不满，开始与孛来争战。于是，瓦剌内部、瓦剌与鞑靼之间、鞑靼内部就这样再次展开了混战。在“人祸”的同时，蒙古草原上还发生了旱灾与瘟疫，进一步恶化了蒙古高原的生存环境。在双重打击下，瓦剌开始撤回西北旧地，此后虽仍有少量瓦剌

部众南下明境，但作为一个部族的瓦剌，不再与明朝有直接关系了。孛来鉴于鞑靼传统游牧地在蒙古高原东南部，因此并未北上，而是选择与明朝展开朝贡贸易，以获得生存物资。明朝最初虽然同意了这一请求，但伴随朝贡贸易的进行，二者时有摩擦，明朝于是减缩了对草原的物资供应。在生存危机之下，孛来再次发动对明朝的进攻，河套是其目标之一。

明朝为应对这一军事变化，再次开始“搜套”。天顺元年（1457），英宗派遣明朝当时第一武将石亨，整合大同、山西、榆林、宁夏军队，进入河套地区。

“土木之变”中，大同镇系统的石氏家族意外地冒了出来。明代九边长城各镇地位在不同时期变化沉浮，而只有两个镇一直保持了较高的地位与较强的战斗力，一个是宣府镇，宣府镇地位来源于作为京师北门的战略地位，另一个就是大同镇。大同镇地位来源于其扼守北方平原大门的核心位置。大同处于蒙古高原、山西高原交界处，地势平坦，控制着北方族群进入北方平原的开阔地，自古便是四战之地，因此拥有九边诸镇中最为善战的部队之一。

“土木之变”前，石亨是明中期第二武将。“是时，边将智勇者推杨洪，其次则亨。亨虽偏将，中朝倚之如大帅，故亨亦尽力。”而石亨侄石彪更是异常勇猛。“（石亨）英果有胆气，善骑射，提大刀飞舞，彪持斧挽强。每战，亨先登，彪从之。”“土木

之变”前，石亨已升大同镇左参将，石彪也升都指挥。

“土木之变”后，石亨最初虽兵败回京，但利用和于谦共同主持北京保卫战的历史契机，威震瓦剌。石亨因功封武清侯，一跃而成景泰朝重臣。在此战中，石彪也甚为勇猛。取得北京保卫战胜利之后，石亨继续控制中央军队，得以提督京营，地位已跃至杨洪之上。而石彪也升游击将军，并在威远卫抵御来犯瓦剌部众时，用炮击死百人，取得了威远卫大捷，是北京保卫战后明军取得的重要胜利，进一步鼓舞了明军士气。

石亨借助掌握京营军队的权力，趁代宗病重之时，发动“夺门之变”，复立英宗为帝，得建拥立之功，晋爵忠国公，无论从地位，还是能力而言，皆堪称杨洪之后明朝第一武将。天顺时期的“搜套”重任，自然就落于石氏家族身上。石亨、石彪也不负众望，先后在天顺元年（1457）取得磨儿山大捷，斩首 174 人；天顺三年（1459）取得野马涧大捷，斩首 513 人，是明中后期历次“搜套”、“复套”战役中，获得的最具分量的大胜。

取得“搜套”胜利后，石彪返回大同镇，不仅多次建立战功，而且颇有见识地请求恢复阴山南部边疆的军事体系，堪称杨洪、石亨之后明中期第一将才，其才气、勇略甚至较二人尤胜，从而继杨洪被蒙古人称为“杨王”之后，石彪被称为“石王”。

但正是这样一位已充分展现才干的将领，在战功既为西北

第一，且身居侯位的情况下，却一直未能升至大同镇总兵官。原因是英宗担心石氏家族会影响到自己的皇位稳固。“夺门之变”后，石亨也仿照杨洪作法，努力构建听命于自己的武将集团，将家人、亲故、旧部都纳入进来，规模较之杨氏家族庞大了许多。对于石氏专权，英宗十分嫉视，自然不会命石彪镇守大同，以免形成叔侄二人一内一外、共握天下精兵的态势。

天顺三年（1459），在迟迟未获得总兵官任命的情况下，石彪授意大同将领向朝廷荐举自己。这一做法不仅未能成功，反而成为石氏家族覆灭的导火索。英宗以交接蒙古为罪名，将石彪诛杀，而石亨则系狱身死，其麾下武将集团也被解散，石氏家族在昙花一现后，迅速覆亡。

英宗虽然借助铲除石氏家族，恢复了政治平衡格局，但伴随石亨、石彪身死，明朝失去了当时最有资格与蒙古势力一较高下的武将，使明前期以来就面临的武将断层现象愈加严重。好在此时孛来、阿罗出与其他鞑靼部落并未固定于游牧河套，而是将其作为跳板，不断迁移，明朝因此才未再彻底失去河套的控制权。但在明中后期“搜套”、“复套”战争中，武将不仅多不堪重用，甚至多浮浪之辈，再未取得石彪的战绩，这也是明中后期失去河套的军事根源，加剧了北部边疆的战略劣势。

第二节　延绥镇的建立

“土木之变”后，榆林逐渐成为蒙古势力从河套进入陕西内地的桥头堡。天顺二年（1458），蒙古部落进攻榆林，明朝设立延绥镇，命延绥守将都督佥事张钦充总兵官，佩“征虏副将军印”，便宜行事，军法从事，相机战守，延绥镇由此建立。在延绥镇建立之前，明朝已经先后建立甘肃镇、宁夏镇、宣府镇、大同镇、辽东镇、蓟州镇，与此后建立的延绥镇、陕西镇、山西镇，合称“九边”。

那么，为何称“延绥镇”，而不是“榆林镇”呢？这在于延绥镇最初设在绥德卫，管辖延安卫、绥德卫辖境，而榆林这时尚仅设置城堡，不是防御的主要地区，故而称“延绥镇”。延绥镇之所以设在绥德卫，有三方面原因：一，绥德卫地处榆林南部丘陵、低山分布之地，南部又有延安卫的拱卫，利于防御。二，绥德卫地处陕北最大的河流无定河下游，控制着陕北河谷的主干通道，便于防止蒙古势力沿无定河南下。三，绥德

卫既然与延安卫距离较近，可以较为便利地得到陕北经济中心——延安卫的粮饷供应。

洪武时期，明朝在今榆林市榆阳区麻黄梁镇双山村上岗之上，修建了双山儿寨。双山儿寨大概在“土木之变”后升为双山堡。《明英宗实录》中，双山堡首次出现，是在天顺七年（1463）。成化时期，余子俊将水地湾寨、柳树会（柳树寨）军队合并至此。

双山堡依险而建，“城设在山冈，系极冲中地”，属“依险型”城堡。“城东北深沟，南面峻坡渠壑，西面稍平，守城颇易。”双山堡附近便是葭芦河发源地。

成化十一年（1475），双山堡周长1里355步1尺，边墩5座：河西梁墩、谢家梁墩、峰子山墩、艾蒿梁墩、圪￼墩。控制大边长城78里115步，崖砦小墩28座，川面水口40处。属小规模城堡。明中后期，双山堡不断扩建，万历时期规模扩大两倍，周长3里90步，楼铺14座。万历二年（1574），加高2丈5尺。万历六年（1578）重修，有墩台40座。此外，双山堡又与建安堡共修、共有边墩一座。据（万历）《延绥镇志》图示，双山堡为两角抹平之长方形。

双山堡现堡垣较完整，但砌砖大部分被拆除，城门皆已不存。

在黄甫川西南，有三道与之大体呈平行走向，也是西北一

东南走向的河流，由北向南，依次为清水川、木瓜川、孤山川，都是黄河的支流。明朝依托这三条河流，依次建立清水营、木瓜园堡、孤山堡。

孤山川（2010 年摄）

《明英宗实录》中，孤山堡首次出现于天顺二年（1458）。孤山堡是在孤山儿砦基础上发展而来，后者是洪武时期明朝在河套南缘建立的十八寨中的一个。孤山儿砦，又称孤圪垯马营，原来修筑于西山山巅之上，非常险峻。后来为控制孤山川，升级为孤山堡时，下移至孤山川畔，但仍然是榆林诸营堡中最险峻的一个，属“依险型”城堡。

孤山川发源于内蒙古准格尔旗绝立概川，缓缓东流。当前水流已成涓涓细流，不过十分清澈。满河的芦苇丛随风摇曳，发出沙沙的声音。

孤山堡由于距离黄河较近的缘故，每当黄河结冰之时，便成为抵御蒙古势力的重要城堡。成化二年（1466），明朝开国大将汤和的后人汤胤勣，以参将驻守孤山堡，曾发感慨称：“四望黄沙，白草漫漫，吾一腔血，乃委于此耶？”结果很快中蒙古人埋伏而身死，引起了朝野震动。

芦苇掩映孤山堡（2010年摄）

成化十一年（1475），孤山堡周长1里275步，管辖边墩6座：大山墩、永镇墩、安家山墩、东山墩、武宁墩、中山墩。控制大边长城78里，崖砦31座，川面水口3处，属小规模的城堡。明中后期孤山堡不断扩建，万历时期周长3里34步，有楼铺14座，墩台55座。但（康熙）《延绥镇志》却记载有墩台50座，不知是有所铲毁，还是漏记。孤山堡形状并不规则。

孤山堡位于今府谷县孤山镇镇政府所在地。孤山堡四面墙体皆存，保存较好，仅南半部有神朔铁路凿墙穿过。铁路修筑在山崖边上，这也是山区的惊人景象之一。孤山堡尚存西南、西北、东北三座角楼，西墙存楼铺一处。孤山堡西墙有挖洞，是堡内居民为方便交通而挖凿。在东墙南侧，即较平坦处，也有多处斩断、洞口，都是出于同样的目的。在东墙南端，尚存少量包砖。

孤山堡原来有四个门，目前东门已毁，其他三门皆存砖券拱洞。三门从门洞建设规模与材料看，丝毫不亚于榆林镇东门

之雄伟。孤山堡北门原题“天垒雄守”，该匾今已不存。北门连接孤山，地势开阔，是孤山堡的后方。

西门位于堡的西南角，下面便是悬崖，没有瓮城。南门面向河谷。西门、南门如此险要，下面也没有接连至河道的山坡，那么如何控制河道呢？原来最初有山坡，只是康熙年间黄河冲断孤山西边的龙泉山，孤山堡西门、南门前面的山坡被冲毁，形成当前孤悬于上的格局。南门内为垃圾场，蓬草丛生，夕阳西下，南门似乎要被时间掩埋。

孤山堡东西两侧各有瓮城一座，东城较小，西城利用山体低洼的地形，充分扩张，在西部形成两道堡墙，即西墙、西外墙，进一步加强了孤山堡的防御功能。

孤山堡由于地势较高，用水成了一大难题。当地居民在西门北侧开了一洞，从山沟处担水入堡。虽然山路较陡，担水非常辛苦，但这里的妇孺显然对此已经很习惯了，如履平地，非常稳当。

由北门至南门，一条并不宽阔的主干道贯穿全堡。由于地势北高南低的缘故，这条小路颇为陡峭。一座新修复的戏楼横跨于小道之上。旁边多有古民居，破败而沧桑。北侧是近年重修的城隍庙。西为庙址，东为广场。庙内一殿中有多座出土佛、道神像与武将，栩栩如生，是在重修庙宇时，从台基中挖出。墙壁上存留有佛教壁画。

孤山堡西南角楼，铁路穿越西墙而过（2010 年摄）

孤山堡西墙（2010 年摄）

孤山堡南墙（2010 年摄）

孤山堡东墙窑洞（2010 年摄）

孤山堡南门（2010 年摄）

孤山堡北门（2010 年摄）

孤山堡北瓮城门（2010 年摄）

孤山堡北墩台（2010年摄）

孤山堡北有两座墩台，一座位于孤山最高峰上，规模较大；另一座位于堡北不远处。堡西北另一高峰处，也有墩台一座，难以攀登。堡西、东南、西南各有一墩台。虽然从河川中仰望孤山堡，形势险要，但从孤山堡以北向下俯视，却发现孤山堡几乎完全隐藏于山体之中，难以发现。可见，孤山堡对于地形的利用，近于艺术般完美。

孤山堡地势险要，历来是兵家必争之地。唐、五代时，此地称佘塘关。堡北是著名的七星庙，又称无梁殿，据说便是佘太君招亲杨业的地方，戏剧《七星庙招亲》或《佘塘关》，所

指便为此地。七星庙现存前庭与大殿，大殿又称昊天宫。昊天宫奇异之处在于无梁无柱，完全依靠墙壁八面收缩来支撑，是建筑史上的一项创举。

孤山堡现存信仰场所集中在对面的南山上，由东至西依次为龙泉寺、龙王庙、玉帝庙。站在南山之上，北望孤山堡，可看到其依附于山体，逐渐向下倾斜，其形状类似于不规则三角形，以东北墙最长，从中部向下，向内收缩。全堡俯瞰孤山川，控扼咽喉。孤山堡地势之险要，再次得到印证。

第三节　无定河营堡的增筑

鉴于无定河谷是陕北北部交通的主干道，在修筑波罗堡之后，明朝又陆续在无定河修筑城堡，其中筑于“土木之变”后的有鱼河堡。而怀远堡则筑于无定河的支流芦河。

鱼儿河寨是洪武时期所建榆林十八寨之一，又称鱼河砦、鱼河寨，地处榆溪河、无定河交汇处的九股水（今横山县鱼河镇米家园北九股水），由于缺少山险，地势平坦。天顺八年（1464）十二月，明朝将其向东迁至黑山，即今横山县鱼河镇镇政府所在地，也即黑土圪𡉏。这也是鱼河堡首次出现在《明宪宗实录》中。鱼河堡由于控扼榆林两大河流榆溪河与无定河，成为蒙古军队突破榆林边境之后的咽喉要道。《读史方舆纪要》载：“寇入鱼河，则榆林、绥德断而为二矣，故防御最急。”

成化十一年（1475），鱼河堡周长2里275步2尺，有墩台4座：峰子山墩、中山墩、银州墩、龙泉墩。控制二边长城72里300步，崖砦小墩56座，川面水口19处，属中等规模的

堡。明中后期鱼河堡不断扩建，周长3里300步，楼铺15座。隆庆六年（1572），加高3丈。万历四年（1576），砖砌牌墙、垛口5尺，共高3丈5尺。据（万历）《延绥镇志》图示，鱼河堡为正方形。

由于地处鱼河镇镇政府所在地，鱼河堡破坏极严重，目前仅存一段土墙，属鱼河堡北墙西段，且是由于流沙掩盖才得以保存。在这段极短的堡墙旁边，散落着大量明砖，望之令人痛心。现存北墙永昶门基本是仿古建筑。据当地人讲，鱼河堡的被毁是老乡修建房屋，拆砖运土时所致。有意思的是，据《永

鱼河堡残存北墙（2009年摄）

昶门维修碑记》载，新永昶门也为当地群众集资所修。可见在很多时候，长城周边群众拆毁长城只是在一定时代背景下的从众行为，有时并不情愿，甚至非常爱护长城，毕竟这里是他们自己的家园。

鱼河堡原有30多座庙，新中国成立后全部被拆除。永昶门以南地势平坦，新修了多座信仰场所。最大者是2004年重修的府城隍庙、灵应侯殿。府城隍庙匾额上题“敕封”、“康熙十二年”。灵应侯殿香火旺盛。城隍是中国古代各地普遍信仰的土地神。但鱼河堡只是一城堡，城隍地位却高出一等，为府城隍，与榆林城隍同一级别，原因是什么呢？

在榆林地区，曾有两位帝王驾临此地，一位是明武宗，另一位是康熙帝。与明武宗相比，康熙帝文治武功远为卓著，榆林人自然也更愿意与他发生关联。鱼河堡地区便流传着当地城隍救康熙的故事。城隍庙殿前宣传栏上记载了《城隍救康熙》的故事，记载康熙十二年（1673），康熙帝行至鱼河驿，遭遇强盗打劫，鱼河城隍于是刮起一阵狂风，黄沙遮天，天昏地暗，将康熙帝救下。康熙帝升他为府城隍，并封其为“灵应侯”，书于匾额之上。这个故事反映了毛乌素沙地不断向南蔓延，在明清之际已影响至榆林南部，造成整个榆林地区经常处于风沙天气之中。值得注意的是，榆林东门城隍庙也记载着相同的故事，而归德堡现代所立《庙志碑》，也说救康熙的是归

德堡的府城隍。

天顺中期，明朝在无定河支流芦河岸边的白家梁建立了怀远堡，将土门堡军队调至此处。土门堡设置于何时尚不清楚，不过应不早于正统五年（1440），位于今横山县殿市镇土壑子村南之寨山。怀远堡依险而设。“城设在山上，系极冲上地。”是延绥镇依托芦河上游修筑的第一座城堡。

成化十一年（1475），怀远堡周长1里40步，有边墩6座：古峰子墩、大沙梁墩、海子山墩、筋柴山墩、高峰子墩、石庙儿墩。控制二边长城73里216步，崖砦22座，川面水口10处，属小规模堡。明中后期怀远堡不断扩建，周长2里180

芦河怀远堡段（2009年摄）

步，楼铺12座。隆庆六年（1572），加高2丈5尺。万历六年（1578），加高6尺，砖砌牌墙、垛口5尺，共高3丈6尺，有墩台27座。据（万历）《延绥镇志》图示，怀远堡为长方形。

入清以后，怀远堡改成怀远县。民国三年（1914），为区别于安徽怀远县，以境内横山名之为“横山县”。横山县位于芦河东岸，芦河西岸山上有两座墩台。

今横山县移于山下一公里处，由于当地人多不知县城旧址，故而怀远堡找起来颇为费力。在找到正确道路后，却为三条狗所拦，进退不得，十分惶恐与窘迫，幸亏老乡喝止，才得以解围。虽然现在农村的狗也多是小狗，并不咬人，但吠起来，那叫一个欢实。由于年轻人纷纷到城里打工，农村人口大多是老人与孩子，陪伴与保护他们的，便是忠诚的犬。我在考察榆林长城中，多次遇到这种情形，以致养成看到农家，先看是否有狗，以及是否拴牢的习惯。虽然它们不一定咬人，但都吓人一身冷汗，深刻体会到“好狗不挡道”这句话其实不是骂狗，而是反映了人类自己的窘迫。

怀远堡四周墙体皆有残存，东门、北门皆存门洞，西北角、东北角、东南角尚存角楼三座，东墙尚存楼铺一座。怀远堡的修筑，采取了就地取材的方式，墙体用夯土与当地的大块红石混筑而成，十分牢固。南面之山有墩台两座。东墙内侧也有人家搭墙而居。堡以南，遥望有墩台两座。堡东南角处有

怀远堡北门（2009 年摄）

怀远堡北墙（2009 年摄）

怀远堡东门（2009 年摄）

怀远堡东墙（2009 年摄）

一大口圆井。堡内尚存一城楼，南题“永绥斯土”，北题“拱辰”，另两侧题字已被铲除。

北墙外有重修的圣母祠，堡内有白衣寺，据说明清时称“永庵”，但寺中所存现代重刻的崇祯十七年（1644）延绥巡抚标兵将领杨化麟撰《改建怀远堡白衣寺记》，却明确记载当时称“白衣寺”。堡内又有重修的城隍庙。堡中古民居甚多，其中一家门额题“芝兰室”，可能是个书香门第。怀远堡下同样有“国家以工代赈工程横山镇李家坬人饮站”的牌子，堡的西

侧有一大圆池，旁有灌溉渠道，当为蓄水池。

天顺时期，明朝还进一步在榆林南部、无定河支流的红柳河西部，在柳树寨基础上，升级、建立了柳树涧堡，以控制鞑靼经榆林进入延安的通道。柳树涧堡是处于内地的“扼要型”城堡。“城设在山上，系极冲中地。”“堡在平地，无险可恃。虽东面倚山，山巅瞰堡，左右阔涧直通境外，乃大举屯驻之处，防守最难。”“柳树涧平川错杂，为延安之门户。居常小窃，秋高大举。较之镇靖、靖边，犹为要害。柳树涧迤西则旷野平原，无险可据。”

成化九年（1473），依照原兵部尚书王复的规划，余子俊为加强柳树涧堡自身保障，将其南迁30里，至上红寺，改名“永济堡”。嘉靖三十七年（1558），延绥镇巡抚董威再次将其迁回旧址，仍名“柳树涧堡”。明中后期柳树涧堡不断扩建，周长3里7分，楼铺18座。隆庆六年（1572），加高2丈8尺。万历六年（1578），砖砌牌墙、垛口5尺，共高3丈3尺，有墩台48座。据（万历）《延绥镇志》图示，柳树涧堡为椭圆碑形。

柳树涧堡位于今定边县郝滩乡南35里柳树涧村。当前城垣上半部分保存尚可，下半部分破坏严重，城内一片废墟。该堡是明末农民战争领导者张献忠出生之处。

第五章

成化初年榆林营堡的改造与迁移

成化初年，由于内乱，越来越多的鞑靼部落开始南下河套，并长期驻牧。明朝围绕再次“搜套”还是承认蒙古势力控制河套的现状，加强榆林营堡防御，展开了争论。兵部尚书王复主张通过迁移、扩建营堡，增筑哨堡、墩台的方式，弥补防御漏洞，增强防御纵深，丰富防御手段，从而完善榆林营堡纵深防御体系。王复与成化初年具体负责营堡修筑的延绥镇巡抚，结合榆林地理特征，努力将营堡防御体系从宽疏的点，逐渐勾连起来，编成密集的网，从而使榆林营堡纵深防御体系逐渐严密为一体化。

第一节　榆林营堡改造、迁移的规划

宝音德力根指出：成化元年（1465），小王子被孛来所杀，毛里孩又杀孛来，立小王子从兄摩伦为可汗。次年，即成化二年（1466），毛里孩又杀摩伦。此后的十年间，鞑靼内部陷入长期的混战局面，一直未能产生新的大汗，这一局面一直持续到成化十一年（1475），异姓贵族乩加思兰拥立满都鲁为可汗。在这一政治局面下，鞑靼各部为躲避内乱冲击，纷纷南下明境。与之前蒙古势力南下主要为抢掠物资不同，此时鞑靼各部南下，增加了躲避内乱的因素，滞留时间更长，从而重点向适合大规模游牧的河套迁移。

面对鞑靼在河套频繁出入，无法进行有效控制的困境，明朝在解决方案上，大体分成了两派。一派主张开展大规模“搜套”，一劳永逸地解决问题，这以阁臣李贤为代表。成化二年（1466）五月，李贤提出：“不一劳者不永逸。故今欲安边，必须大举，而后可也。”主张抽调陕西、延绥、宁夏、甘肃、大

同、宣府六地军队中的精锐骑兵、步兵，并打造战车、拒马等应对骑兵的器械，“期以明春或今秋，进兵搜剿，务在尽绝”。

但另外一些官员鉴于“搜套”对于军队战斗力、后勤财力要求很高，且前景无法预知，主张改良延绥镇营堡防御体系，加强防御，这以兵部为代表。成化二年（1466）三月，延绥纪功兵部郎中杨琚提出若实行“搜套”方案，在与鞑靼战争过程中，明朝可能面对人口、物资被大肆掠夺的极大风险，同时承担极大的后勤负担，与其这样，还不如将军费用于建设、调整山西、榆林、宁夏营堡，“虽不免暂劳一时军民之力，实为万世防边之长策也”。

对于这两项方案，明宪宗表达了支持后者的态度。“杨琚所奏移堡防边，具有证据，其言有理。兵部即会官议处以闻。”杨琚本来即为兵部官员，在一定程度上也代表着兵部立场，兵部尚书王复在审议这一议案后，也表达了赞同态度。于是，宪宗派遣王复至西北，统筹榆林、宁夏营堡事宜。

成化二年（1466）八月，王复踏上西进的路程。十一月，王复上达了改良营堡防御体系的方案。大体分五个方面。

第一，从利己御敌的角度，迁移城堡，使之更为合理。在王复看来，榆林部分城堡位置过于靠里，缺少水草，既不能充分发挥防御作用，又不方便补给，应当整体外迁至水草丰茂之地，大体形成一条直线，从而堵截河套。王复提出迁移七座城

堡：府谷堡北迁至芭州旧城，芭州旧城位于山西保德州黄河西北；东村堡南迁为镇羌堡；响水堡西迁至黑河山，黑河山，即黑山，位于黑河沿岸，在榆林城南10里，响水堡西40里；土门堡北迁至十顷坪；大兔鹘堡移出波罗堡；白洛城堡东迁于清平堡；塞门堡北迁至镇靖堡。

第二，在距离较远的营堡之间，即高家堡至双山堡，双山堡至榆林城，宁塞营至安边营，安边营至定边营，于临界处崖寺子、三眼泉、柳树涧、瓦札梁等地，各增设哨堡一座，不给鞑靼部众留下大的空当。

第三，鉴于明朝在榆林西南部，即从三边到庆阳、环县（今甘肃庆阳环县）这一纵深地区，防御薄弱，鞑靼经常深入此地，王复主张从旧安边营向南，每20里，修建一座墩台，共修20座，连接庆阳；从定边营向南，每20里，修建一座墩台，共修10座，连接环县，以构建了榆林西南部纵深防御体系。

第四，丰富营堡防御体系，配备更多的墩台，共增修34座墩台，并利用当地地形，或者挖掘沟堑，或者修筑边墙，直接阻挡鞑靼骑兵，以增强营堡的自我保护。虽然这种边墙尚未长距离连成一体，无法完全御敌于国门之外，但仍然大大增加了营堡的防御功能。而在榆林西部风沙草滩区，由于地形平坦，挖掘足以抵御蒙古骑兵的壕沟不太容易，因此明朝又考虑南迁营堡，依险而守。迁移计划包括定边营南迁，砖井堡南迁50里

至东海螺城，旧安边营南迁为新安边营，柳树涧堡南迁30里至上红寺为永济堡。在成化九年（1473）迁移时，延绥镇巡抚余子俊认为定边营位置重要，仍保留原地不迁为宜，后三个城堡则被内迁。

第五，进一步扩建营堡，使其足够宽大，能够容纳大量人口、物资与粮草，从而增强营堡防御的持久性与坚壁清野的功能。

经过王复的整体改良之后，榆林营堡防御体系愈加严密。但由于王复很快便回到中央，他对榆林营堡防御体系的改造与迁移规划，是由延绥镇巡抚具体执行的。而在具体执行过程中，延绥镇历任巡抚又依据实际情况，对迁移地址进行了多次变更。

第二节　直插天际的清水营

王复以兵部尚书巡边，只是从整体上提出改良方案，具体执行的，是当时的延绥镇巡抚卢祥。虽然王复强调迁移营堡是出于扼敌冲、就水草两方面考虑，但由于黄土高原地势较高，很多地区汲水困难。因此，王复所提出的迁移目的地，很多只符合扼要冲的御敌要求，却不符合，甚至与就水草的目的相反。卢祥的解决办法是，如果原定迁入地缺乏水草，但附近有既扼要冲又就水草之地，那就调整原方案，改变迁入地；而如果附近没有水草丰茂之地，便只能按照原来的方案，暂且迁就扼要冲的目的了。但部分不合理的迁移埋下了隐患。

至迟在成化元年（1465），府谷已由寨升级为堡。虽然王复建议将府谷堡迁至芭州旧城，但据卢祥考察，芭州旧城“水泉枯涸，难聚人马”，而附近发源于内蒙古准格尔旗五浪五素沟的清水川，“正当冲要，颇有水泉，可立城堡，宜更移筑”，府谷堡于是在成化三年（1467），迁至清水川，并改名“清水营”。

清水营依山面河，“城设在山坡，系次冲中地”，地势十分开阔。由于受到山岭空间的限制，清水营规模不如榆林西部四营。成化十一年（1475），清水营有边墩7座：仝家山墩、柴关儿墩、□□□墩、四州墩、清水川墩、白家梁墩、石家塥墩，控制大边长城125里18步，崖砦小墩61座，川面水口28处。明中后期清水营不断扩建，万历时期周长3里18步，有楼铺19座，墩台32座。万历三十五年（1607），涂宗濬修关城3里298步。此后清水营设施又有增修，（康熙）《延绥镇志》便记载清水营有38座墩台。据（万历）《延绥镇志》图示，清水营为长方形，但西南角阙。

清水营位于今府谷县清水镇。在领略了孤山堡动人心魄的险峻后，站在宽阔的清水川，身处漫野金黄的芦苇丛中，看到远处扑面而来的清水营，只能用目瞪口呆来形容了。从来没

清水川南墩台（2010年摄）

有一个营堡如此彻底地暴露在面前。孤山川的峭壁掩藏了孤山堡，清水川的平坦却完全使清水营从山顶一直蔓延至河谷，气势雄伟，直插天际。

清水营依山面水，关楼即建在山顶处，南、北两墙顺着山势，一直延伸至河谷。河谷西侧原来为东门，目前已毁为民居。河谷两侧原来应有多座墩台，控制河道。目前河谷西侧即靠近清水营一侧，尚存两座墩台，皆位于清水营东南。而河谷东侧则存六座墩台。清水营南部还有一座保存完整的包砖墩台。

清水营尚存北、南、西三段城墙，东墙由于处于清水镇居民聚集之处，除南瓮城外，都已被拆除。西北、西南角楼尚存。由于南、北墙下半部多被拆毁的缘故，从遗存墙体来看，清水营类似正方形。清水营上半部分建筑都已拆毁，一片荒芜，内中堆满了瓦砾，应是拆毁建筑所留。清水营原有城门四座，目前仅存南瓮城及南门砖券拱洞，尽管包砖都已拆除，但规模很大，气势雄伟，与榆林东门不相上下。

清水营南墙外，顺山势又修筑了一道城墙，扩充了营堡的规模。两墙之间，尚有高大墩台一座。南内墙上半部保存完整，且尚存一座角楼即西南角楼、一座楼铺；下半部多已拆毁，尚存一堵高大墙体，屹立于山坡之巅，遥望河谷。南内墙有不少石头夹杂其间，加固了墙体。南内墙中段尚有暗门一

清水营南内墙外墩台（2010 年摄）

清水营（2010 年摄）

清水营南门（2010 年摄）

清水营南瓮城（2010 年摄）

处，且被加以修缮。南外墙倾圮严重。北墙只有上半部保存完整，下半部已被拆除，或成为老乡院墙。北墙最东端伸入河谷，仅存一段。

山顶关楼南侧也有两道西墙，构成一座较大的瓮城。清水营之西，也即山后约一里处，有高大墩台一座，西侧便是高峻悬崖。清水营西北是广阔山原，约三里处有一墩台。向东望去，东北山坡上有一墩台，上已长树。更远的山顶，有一处红色圆墩，人工铲削的痕迹较明显，疑也为墩台。

区分清水营上半部、下半部的是清水营学校。一条小径沿

清水营西瓮城（2010 年摄）

着山脊，蜿蜒通上山顶，下面便是沟谷，非常陡峭。清水营下半部分民居辐辏，青灰色古建筑随处可见，多已废弃。清水营东北靠近河谷处，有重修的清泉寺。

清水川河谷内正在修筑河堤，虽然非常杂乱，但金色芦苇在河谷中飘荡，一汪汪清水，碧蓝幽幽，回望清水营，夕阳下荒草连天。

第三节 向日葵掩映镇羌堡

成化二年（1466），卢祥将东村堡，从府谷西北30里处，向西南迁至高汉岭（高寒岭），改名“镇羌堡”。镇羌堡虽然有地家川从旁流过，但由于地势较高，缺乏水源。镇羌堡依险高寒岭，扼制河套蒙古进入榆林的要冲，鉴于其位置的重要性，成化时期明朝甚至有增设卫城的动议。

万历时期，镇羌堡周长2里20步，有楼铺10座，墩台31座，属中等规模城堡。镇羌堡位于今府谷县新民镇新民堡村。四望镇羌堡周边，东、南都有沟涧，尤以南部为深，四周为地势较低的丘陵地带。镇羌堡就位于这样一座山原之上，居高临下，控制边境。

镇羌堡呈正方形，只有东北角有所内缩。因镇治迁移的缘故，虽然镇羌堡内古建筑基本皆已拆毁，但墙体大体保存完整，只有南墙西部被拆除，东部稍显低矮。整体上来看，镇羌堡墙体显得高大而厚实。堡内四面民居都以堡墙为院墙。镇羌

镇羌堡（2010 年摄）

镇羌堡东部（2010 年摄）

镇羌堡北墙（2010 年摄）

堡四角楼皆存，南墙、西墙各存一座楼铺。

南墙以南门为界，可分为东、西两段，西段内为夯土，外为包砖；东段靠近南门者也是这一构成，而再靠东之墙体，则由铲削山体而成，墙外就是沟谷。站在堡内环顾四墙，南墙较为低矮。南墙东段尚存楼铺一座。

引人注意的是南墙中部稍微靠东有一暗门，呈圆形，内外

都是砖石砌筑。墙内洞口旁立一石板，应为遮盖使用。向里望去，可见深处尚有台阶，通往墙外。故而墙外的洞口较墙内的洞口为高。墙外洞口下侧，有砖石结构的横切面，其原理类似于目前防止山体滑坡的防护石壁，作用在于保护城墙。其下沟谷甚深。

南门目前尚存，在其门楼之上是新筑的遏云楼。南门墙体剥离严重，东侧基本已被拆毁，后被居民用现代砖重砌。西侧墙体被辟为院墙，院中房屋、院墙多拆毁墙砖筑成。南门外尚存南瓮城，南瓮城仅存西门与数米长断垣，从斩断部分可看到夯土、砖筑结合的结构。

镇羌堡东门位于东西主干道上，已被拆毁，原址处堆积了大量碎砖、瓦砾。镇羌堡东墙保存了完整的夯土结构，墙体非常高厚，中、北段与东瓮城共同形成“之”字形。镇羌堡东瓮城规模较大，是四方形，处于东墙靠北部分，门在南侧，较宽大，尚作为由东部进入堡内北侧的路径。门东侧被居民挖开一洞，用于存贮草料。西侧也有一洞，堆满了杂物。瓮城内种植玉米。

镇羌堡西墙筑于高台之上，尚存楼铺一座。西墙南段虽有民居依建，但尚存不少包砖，保存较为完整；北段也保存有完整夯土。新修公路沿西墙向东北而行。

公路沿镇羌堡向东北，行至北瓮城，将北瓮城拦腰斩断。

镇羌堡南墙被辟为储藏室（2010年摄）

镇羌堡南墙暗门（2010年摄）

镇羌堡南门（2010年摄）

镇羌堡东南角楼（2010年摄）

北瓮城也很大，同样是四方形。东侧也有暗门，砖块砌筑。镇羌堡北墙有一处当地村民为通路而斩断的缺口，以此为界，可将北墙分为东、西两段。西段不少部分坍塌，杂草覆盖其上。东段在村子里面，民居依建现象十分普遍，在大片向日葵簇拥下，因为长满苔藓而发黑的墙体显得有了生机。稍感欣慰的是，北瓮城、北墙底座与靠近路的一侧，都修筑了防护墙体，无论是出于保护道路，还是保护古墙体，总之对长城是有益的。

镇羌堡东、南分别有高大空心墩台一座。东墩台有攀登的痕迹。从墩口进入，攀着夯土，向上攀登，并不费力。墩中尚存部分砖体。攀至顶上，向下望去，仍觉高耸。下去时因无处可抓，只能全身依托于墩台之上，有些危险。南墩台南侧洞口仍存砌砖。这是我所考察榆林墩台中唯一入口尚存砌砖者。其实明代每座墩台皆有名字刻于匾额之上，只是后来随着包砖陆续拆去，刻名匾额也皆不存。镇羌堡东北、西北远处都有墩台，东南、西南有墩台遗址。大边长城在镇羌堡西侧，沿山之走势，蜿蜒北去。

镇羌堡内原来庙宇、碑刻众多，皆在“文化大革命”中被毁。目前堡中心处为鼓楼，鼓楼下为木制结构，撑起城楼，颇为奇特。鼓楼南侧有重修戏台，名“遏云楼”。鼓楼东有重修观音庙，因门锁紧闭，无法考察。观音庙东侧一小砖筑方格

镇羌堡东墩台（2010 年摄）

镇羌堡戏楼（2010 年摄）

镇羌堡东庙宇残缺佛像（2010 年摄）

中，供“土地爷之神位”。观音庙旁尚存较为完整的古戏楼。镇羌堡与东墩台之间，原为庙宇，后被拆毁，散落的瓦砾、饰物堆积一片。尚有瓦当、兽饰。引人注意的三座石像，已无石首、石手。向西望去，灰色的镇羌堡在鲜艳葵花的映衬下，显得十分沧桑。

堡内有 1997 年所立“陕西省甘露工程管网供水项目”标识牌，反映直到现在，镇羌堡仍存在饮水困难。

第四节　控扼无定河、榆溪河的响水堡

在波罗堡、鱼河堡之后，明朝又在无定河畔修筑了响水堡。响水堡由响水寨升级而来。响水寨位于榆林东南无定河上游（今榆林横山县城东50公里的响水镇镇政府所在地），建于南岸凤凰山（以山形犹巨龙昂首，似凤凰远眺而名），因寨东一公里处有天生桥，水从洞出，其势如雷，故名响水。响水寨地处榆溪河与无定河交汇之处，历来是兵家必争之地。

《明英宗实录》中，响水堡首次出现是在成化二年（1465）三月。当年，王复鉴于响水寨汲水困难，建议将之迁移至以西40里黑河山。卢祥落实这一想法，并将之改名“平夷堡”。但余子俊任延绥镇巡抚后，鉴于响水位置重要，在成化七年（1471），仍将之迁回响水堡。

无定河行经响水堡，折而向东，河床骤而变窄。响水堡建于山坡，属“依险型”城堡，控制榆溪、无定两条大河，正面扼制宽阔河谷，颇有一夫当关、万夫莫开的气魄。

成化十一年（1475），响水堡周长3里209步2尺，有边墩4座：郭家梁三墩、郭家梁墩、沙河掌墩、沙河山墩。控制二边长城58里260步，崖砦小墩33座，川面水口8处，守瞭墩台8座，属较大规模城堡。响水堡不断扩建，万历时期周长3里210步，楼铺8座。万历六年、七年重修，加高帮厚，砖砌牌墙、垛口，共高3丈。据（万历）《延绥镇志》图示，响水堡东、西、南墙都呈直线，只有北墙呈现不对称的翻书状。实地考察也证实了这一点，北墙的曲线源于凤凰山北侧的走向。

响水镇位于凤凰山东南山脚，响水堡位于镇西北山上。这种城堡、乡镇由上到下的迁移，在榆林地区十分普遍。城堡首先要考虑防御安全，所以选择建在山上。而在和平时期，这种考虑已经不存在了，为了扩展规模、方便用水、修筑房屋，基本都迁到山下的河谷地带。

响水堡由于山岭较高，饮水是个问题。现响水村多数居民已迁至山下，也与此有关。山的东侧有一巨大铁制水管，自下向上，将地下水抽至山顶，用于灌溉。山脚下有一牌子，上写“国家饮水项目工程实施区”。干旱少水应是响水堡一度迁移的原因。

既然有水管，那么可能便会有人在安装水管或灌溉时，经常攀登这条线路，甚至会形成路。在荒山之上，所谓的路，往往就是人走过的地方，由于荒草、荆棘被拨开的缘故，减少了

无定河绕响水堡而过（2009 年摄）

响水堡（2009 年摄）

不少阻碍；也由于土层被踩过而较为结实，从而减少了滑倒的可能。我顺着水管向上爬，非常顺利地登顶了。

爬上了山，眼前豁然开朗，也正是在响水堡，我体会了到了什么是高原。本来从山脚下向上望，只能看到山坡，而一旦登顶，便仿佛进入另一空间，广阔而平坦的高原延入天际，一片片整体的田地分布在天地之间，焕发着原始的生机，两棵高瘦高瘦的树，不屈地挺立着。不远处三三两两的农民在耕地，一人牵牛，一人扶犁，前面是妇女或孩子在撒种。狗最安逸了，在自由的田野上，狂追着蝴蝶，发泄着无处可用的精力。

响水堡所在山岭规模很大，北部为堡城，南部为农田，土地平整，一望无际，能够提供丰富的粮食资源。从响水堡城址、农田分布格局来看，堡城居于北侧，里面居住士兵，保护着城堡南侧的农田。城南是军余或农民居住之地。自无定河往南望，响水堡十分高峻，自响水堡南往北望，该堡却由于低于南部田地，加之是丘陵地带，竟不可见。可见响水堡实为依山面水的风水绝佳地带。

响水堡四面墙体皆存，包砖都已拆除，仅存夯土，尚存西南角楼、西北角楼。北墙较为完整，东墙、西墙破坏严重，南墙仅余东、西两端小段墙体。东墙、西墙较为高大，一直延伸至山的北端，遥望北方，俯视响水河。数百年过去了，河水少了，堡城更是成为一片废墟，过去的震天厮杀，完全销声匿

迹。老子曰：“天地不仁，以万物为刍狗。”人在历史中，宛如沧海一粟，而在浩瀚宇宙中，更是无我无相，一切都是虚幻。有人说醉酒当歌，酒能生遁世之念，歌能抒心中之志，还都是“有”，有，就有障，就有拘泥。不如平静地感受时间的消逝，就如微风吹面而过。“不见五陵豪杰墓，无花无酒锄作田”，在“无”中悄然飘散。

西墙仍存的部分，十分高大，其中一方坍塌处，远看像一只秃鹰，昂首向天，豪迈万丈。不知数年风霜雪雨、时事沧桑之后，是否仍然存在。响水堡东南、西南各有一座墩台。墩台利用黏土修筑，十分坚固，攀缘其上，毫无问题。其中东南、西南墩台所连直线，大体与无定河防线垂直，形成横截之势，正面阻挡蒙古人来攻之势。夕阳西下，高大的墩台泛着红色的光芒，山岚慢慢弥漫开来，天地间的这片荒原，少了些真实，多了些远遐。

响水堡原建有东门、大西门、小西门、南门。南门今已不存，东门、大西门、小西门仍在。东门处于山岭东北边峭壁之上，上题“渊停”二字，取自响水堡横阻无定河之意。三座城门距离非常近，都靠近无定河，这一设计源于响水堡地形险要，易守难攻，因此城堡主要在于截断蒙古势力南下通道，反映了城堡弹性防御的典型特征。

从东门下来，进入堡内，看到许多古民居。《响水堡城隍

响水堡西墙南段（2009 年摄）

响水堡西墙（2009 年摄）

响水堡小西门（2009 年摄）

响水堡大西门（2009 年摄）

响水堡东门（2009 年摄）

响水堡西墩台（2009 年摄）

庙碑记》载，响水堡是榆林西南门户，物资集散中心，城内顺山而下修建街道，商铺字号林立，今日却已沧桑而破旧，一段繁华的历史就此沦为废墟。

响水堡庙宇原有古迹数十处，但一大批文物都毁于“文化大革命”。现响水堡存有重修城隍庙、祖师庙、三官庙。城隍庙系 2008 年重建。祖师庙前碑记载，该庙前身是玄武祠，万历十八年（1590）建，康熙年间重修，后经战火被毁，1988 年重修。祖师爷庙对面是戏台，名“凤凰山舞台”。几位老妪于庙前乘凉。青壮年多出外打工，农村剩下的大都是老幼妇孺，尤

响水堡古民居（2009 年摄）

以老者居多。所以，当前的城市与农村，不仅是地域的差别，也是历史空间的差别。对于这些老人来说，外面的世界太过陌生、太过遥远，她们的时间、生活几乎是停滞的，她们仍然活在过去的时空中。榆林营堡成为县、乡治所在，仍保持着昔日的喧嚣与热闹，成为村庄的营堡，却十分安静，安静得仿佛时间静止了，空间被人遗忘了。

第五节　据守快滩的镇靖堡

在靖边县，芦河向西南蔓出支流，称西芦河。成化二年（1466），卢祥将设于今延安安塞北的塞门堡，向北迁移至西芦河支流快滩西岸的白塔涧口，改名“镇靖堡”。成化五年（1469），延绥镇巡抚王锐又将镇靖堡北迁至笔架山。成化七年（1471），余子俊鉴于笔架山离水太远，不便驻扎，于是再次将镇靖堡迁回塞门。成化九年（1473），为控制快滩之险，余子俊最终将镇靖堡迁回白塔涧口。镇靖堡属“依险型”城堡，经常面临河水冲城的危险。

成化十一年（1475），镇靖堡周长 3 里 262 步，有边墩 7 座：褚字号高山大墩、尤字号守口大涧墩、何字号永远大山墩、榆林山新大墩、平虏山新大墩、寸草山新大墩、泥滩山旧大墩。控制二边长城 68 里 106 步，崖砦小墩 38 座，川面水口 17 处，属较大规模城堡。明中后期，镇靖堡不断扩建，周长 4 里 3 分，楼铺 19 座。隆庆六年（1572），加高 3 丈 4 尺。万历

六年（1578），砖砌牌墙、垛口5尺，共高3丈9尺，有墩台42座，后又增加一座。据（万历）《延绥镇志》图示，镇靖堡为椭圆碑形。

镇靖堡在20世纪30年代曾一度作为靖边县治，靖边县迁至今址后，镇靖堡成为镇靖乡政府所在地。由于镇靖堡距离靖边县城较远，白于山山路弯曲，一路风景秀丽，山清水秀，堪称塞外江南，陕北黄土沟壑之间，竟隐藏着如此灵秀之区，令人吃惊。沿途见到不少度假村，有人垂钓于河间，悠闲的山野风光与靖边新城的喧闹形成了鲜明对比。后来的考察证明，白于山区是陕北生态环境较为特殊的地区，由于河流汇集，山泉潺潺，白于山区呈现一片浓郁的绿色，在陕北土黄色的基调上，抹上了一层靓丽的色彩。这也是延绥镇许多营堡不断南迁的原因之一。

镇靖堡便位于山水环绕之间。考察镇靖堡之前，所看到的城堡，要么十分苍凉，要么十分残缺，要么垃圾满地，未料到此处的长城竟有清幽之美。碧蓝的湖水，成片的田地，幽幽的蓝花，整齐划一的村落，辛勤耕作而不问喧嚣的居民，这里仿佛是世外桃花源，镇靖堡便掩映在四周的树木、草丛之中。在榆林诸营堡中，镇靖堡无疑是美丽又阴柔的一个。

镇靖堡东、西、南三面是山，依西山而建，北面有快滩河水迎面而来，镇靖堡因此呈现合众山之险、力拒河谷之敌的

防御格局。快滩河道非常宽阔，流水声甚大，可以印证余子俊所称快滩宽且深的描述。快滩冲到镇靖堡后，为山所阻，绕道而过。镇靖堡处于山腰平原地带，利于农耕。镇靖堡除四面堡墙外，还有分布于西山的西外墙。五道墙体皆存，包砖都已拆去，仅余夯土，基本保存了城堡规模原貌。镇靖堡南、北墙体的西半段与西外墙全部都在西山，也就是说镇靖堡有一半墙体在西山之上。由于修路的关系，南、北二墙被斩断，山上城墙与山下城墙被分成两段。镇靖堡西外墙位于山顶，南半部分是铲削山体而成，山上城墙与平地城墙已被隔断，尚存楼铺与墩台一座。镇靖堡东面之山，与镇靖堡隔河相望，上面修筑了两座墩台，如臂膀一般，呼应镇靖堡，颇有气势。镇靖堡北面筑有墩台一座，但破坏严重。

镇靖堡西墙由于靠近公路，在修路、盖房过程中，不断被拆毁，仅存少部分段落。镇靖堡西门处，有“镇靖堡　靖边县文物保护单位”的牌子，并有新修的“古城镇靖”牌坊。北墙大体保存较好，尚存一座楼铺，但被挖凿不少洞口，内侧墙体由于盖房等缘故，被铲削甚多，部分段落还被辟为农田，呈坡状，不复雄伟。东墙栽种了很多树木，加之生长甚高的杂草，郁郁葱葱，部分段落淹没在一片绿色之中。东墙南部外侧也被开辟为坡田。东墙有两处断口，是镇靖堡内外道路的通口。镇靖堡南墙外部有部分民居，却未破坏南墙，令人感到欣慰。南

镇靖堡控制快滩（2009 年摄）

镇靖堡西山墩台（2009 年摄）

墙尚存楼铺一座，但南墙内侧有掏挖的洞口。

镇靖堡西门、东门尚有瓮城遗址，皆甚雄伟，城墙也宽厚，东门尚存瓮城门，这应是该堡被列为靖边县文物保护单位的原因。

镇靖堡内除民居外，南北中轴线处有两座砖台，分别是明清时期修筑的老爷庙与民国时期修筑的中山台。老爷庙匾额上写着“口师义圣”、“节鼎天地”、“浩气凌云”。

夕阳西下，镇靖堡笼罩在一片金黄之中，慢慢变暗，最终被夜色所吞没。而我也连夜返回了靖边县城。不知镇靖的夜，是否格外香甜？

镇靖堡北墙（2009 年摄）

第六章

成化初年榆林『依险型』城堡的增筑

成化初年，历任延绥镇巡抚在改造、迁移榆林营堡的同时，还沿窟野河、九股水、芦河，先后增筑了神木堡、归德堡、威武堡、龙州城。以上四城堡都属于“依险型”城堡，除神木堡之外，其他三堡都处于榆林内地，这反映出成化初年因为蒙古人经常出入榆林内地，陕北内地“军事化”进程逐渐加剧，明朝进一步加强榆林营堡防御体系的纵深，使陕北广大地区都逐渐被纳入越来越广大的军事网络。

第一节　窟野河旁的神木堡

在窟野河流域，卢祥将栢林寨、神木寨都升级为堡。栢林堡又作“柏林堡”，“城设在山原，系极冲下地”。万历时期，栢林堡周长1里124步，有楼铺8座，墩台26座，属小规模城堡。据（万历）《延绥镇志》图示，栢林堡为正方形。栢林堡位于今神木县高家堡镇柏林村，当前堡城城垣保存尚可，内部建筑大都拆毁。

神木堡位于今神木县城，又称“神木县堡”，这与府谷堡相似。“窟”在陕北方言中，从形声而言，有声势浩大之意。而“野”则表示其奔流无忌。现在的窟野河河道仍十分宽阔，只是河水减少了很多，用坝拦住水流，才恢复了曾经的雄阔。

神木东有九龙山，西有二郎山，当地又分别称之为东山、西山。神木西侧是由北至南的窟野河。作为窟野河的支流，滴水崖由西至东汇入其中，呈现两山二水夹峙之势，既是险要之地，又是交通要冲。这也是明朝初年便甚为重视神木，设立

窟野河（2010 年摄）

县治与千户所的原因。堡城设于河谷地带，“城设在平川，系极冲之地”，“堡设在大川之中，东西高阜”。

成化十一年（1475），神木堡周长 2 里 80 步，有边墩 5 座：镇远墩、西平墩、柴家墩、铧子墩、毛峰子墩。控制大边长城 85 里 357 步，崖砦小墩 36 座，川面水口 10 处，属中等规模城堡。明中后期神木堡不断扩建，周长 5 里，楼铺 33 座。隆庆五年、六年，加高帮厚。万历六年、七年，明朝砖包神木堡，共高 3 丈 5 尺，而墩台也增至 60 座。据（万历）《延绥镇志》图示，神木堡为正方形。

由于神木城是明清、民国以至当代县治所在，故而破坏严重，西、南、北墙仅余少量残损墙体，角楼仅存西北一座。而东墙由于建在九龙山上，保存相对较完整。据城内飞云洞大仙楼遗址 1922 年立《重修北关飞云洞大仙楼碑记》所载，神木北门即在飞云洞附近。

飞云洞以南是凯歌楼，俗称“中楼”、“大楼”，是隆庆元年（1567）神木参将高天吉得胜归来，感谢天恩所建，是神木

堡城保存最好的文物。凯歌楼位于神木旧城中心，处于东西、南北两条主干道交会处。“文化大革命”中，凯歌楼因被造反派占为据点，得免于毁灭。在考察时，看到凯歌楼文物碑下摆着多幅毛泽东照片，反映出陕北民众对崛起于此的革命领袖充满着深厚感情，这在榆林其他地区也可以得到印证。飞云洞西南鼓楼北街有古雅、气派的四合院，其中的白家大院尤为壮观。

神木县城有秦、明两代长城。秦长城横亘高速公路之上，为不斩断长城，公路从其下穿过，这是榆林长城考察中，唯一一次发现的路避长城的情况，让人颇感欣慰。由于经济的飞速发展，神木日新月异，神木堡城基本不存，不过其东西两侧九龙山、二郎山墙体仍存。大边长城在神木堡东北蜿蜒北去。

神木堡西部防御体系围绕滴水崖构建，目前尚可见墩台七座，其中五座沿滴水崖河谷呈南北分布，另外两座稍居西侧。五座沿滴水崖河谷分布的墩台中，最南的一座在20世纪90年代修复，可称作“南

凯歌楼（2010年摄）

一墩台”。神木县长城协会1996年立《修复滴水崖明长城烽火台碑记》载，滴水崖墩台原为秦长城、明长城交会处，修筑于成化八年（1472），新中国成立后被毁。1996年，由神木长城协会号召，神府精煤公司出资修复。据当地人讲，靠近滴水崖河谷的最南三座墩台，与西侧靠南的墩台之间，有坚固夯土城墙连接，墩台宽广。“文化大革命”中，老乡将砖墙拆下建房，台基也拆去一半。目前四墩间墙体仅存少部分，且多被老乡辟为自家院墙。墩台南侧皆有洞，多已被掩埋或半掩埋。

稍居西侧的两座墩台，靠南者可以称为“西一墩台”。西一墩台居于一座山包之上，地势较高。西一墩台夯土保存完整，南侧中部有一洞口，下面供奉着神龛。墩台之间的连接边墙，在西一墩台旁边的山体上，尚有遗存，其他墩台连接的边墙，都已不见痕迹。

在以上四座墩台之外，靠近北侧尚有三座墩台，在白云蓝天、荒山绿草之间，遥遥耸立。而在滴水崖西南，远远地还有一座坟状墩台。在西南方向较近的山上，有一处低矮的台子，原来是何设施，一时尚无法判断。

南二、南三墩台南侧皆设祭祀牌位。分别为“南方五道、青云老仙、黄云大仙”，“红云大仙、白云二仙”。这些神灵信仰在神木非常普遍。长城周边作为曾经的民间信仰集中地以及其所代表的历史文化，使其在当前再次成为民间信仰区。激进

滴水崖南三墩台（2010 年摄）

滴水崖西一墩台（2010 年摄）

滴水崖西一墩台神龛（2010 年摄）

已然过去，传统重新复兴，历史的路，总是出人预料。

神木堡东部军事布局围绕九龙山设置。东山之所以称“九龙山”，取自九座似龙头的山峰伸向神木县城的典故。目前尚可见 7 座墩台，分别为东北墩、东墩台、东南墩、南墩台、西南墩、西北墩、西墩台，其中东北墩、东墩台、东南墩、西北

九龙山（2010年摄）

九龙山西南墩（2010年摄）

墩较高大。东北墩位于东墙北端，为正方形。西北墩位于九龙山西北，耸立于九龙山上，俯视神木堡。东南墩位于南墙东端，虽然也呈坟形，但顶端较平。南墩台位于九龙山南墙中段，呈方形。西墩台位于九龙山西侧，已低矮。西南墩位于南墙西端，仅残存小部分，裸露出内部砖砌部分，为一圆形，可能用于藏士兵或兵器。西南墩旁有一小树，夕阳西下，荒山、残墩、弯树，在山下现代化的城市相映衬下，显得愈发古老。

九龙山长城墙体是神木堡东墙外层，利用九龙山山形，拱卫神木堡。墙体沿九龙山体由北至南分布全山，东墙最长，南墙、北墙较短。目前九龙山东墙北段虽有断续、削薄，但仍存不少高大地段，南段却已甚低矮，逐渐与山体融合。南墙、北墙破坏严重，但走向仍较清晰。九龙山已成神木坟葬之区，“本山后土神之位”的石碑比比皆是。东南墩旁便有大量坟墓。

神木信仰场所集中分布于九龙山、二郎山。九龙山庙宇众多，不过在“文化大革命”中基本皆被拆毁，场地及材料被用作修建粮仓，目前九龙山上可见多处粮仓旧址，大量古砖被用作材料。目前所见庙宇都是重新修复的。

九龙山南侧有观音庙、马王庙、文昌庙。观音庙前有 2001 年立的重修碑，记载神木东山旧城于 1967 年被毁，1997 年开始重修观音庙。观音庙是一处红色高台建筑，由一尼姑负责管理寺产。

马王庙是一处紫色建筑，下临深渊，祭祀马神，始建时间无考。庙前有2008年立的《东山马王庙补修碑记》，推测是清代当地一名乔姓商人在口外蓄养多头牲畜，为祈求保佑，故修建此庙。庙中供奉真武祖师、关圣帝君、马王爷。

文昌庙位于九龙山最南端，远望二郎山，下为神木城，颇合风水。文昌庙也是新近修复的庙宇，这从旁边记载修复事宜的碑刻便可看出。虽然是文昌庙，但里面供奉的却是红龙玉师、观音菩萨。管理寺产的是一位75岁的僧人，该僧人原是甘肃地质大队的，儿女众多，但老伴去世后便出家了。昏昏夜幕

马王庙（2010年摄）

中，只有一条小黑狗与他为伴，生活十分清苦，他觉得出家修行好，无欲无求。

九龙山北侧庙宇更多，但大都在“文化大革命”时被毁，改革开放后重修。万佛洞位于龙头下方，非常险要。据1992年立的《重修东山万佛洞记事》碑载，万佛洞始建于正德年间，在嘉靖年间遭到战事冲击，万历年间得以重修，最终毁于同治七年（1868）西北战乱。

万佛洞最引人注意者除了佛像壁画外，还有支撑洞窟的两座菱形石柱上的碑文。这两座石柱是最早开凿洞窟时保存下来的。万历二十年（1592）三月重修洞窟时，镌刻上了《重修东山洞记》，记载了延绥镇巡抚、总兵官率下属文武官员，捐资修筑万佛洞的经过。榆林宗教信仰场所之修建，大都为官方推动，由此可见北方社会官府对民间生活具有更大、更为直接的影响。

万佛洞大雄宝殿（2010年摄）

万佛洞庭院中供奉神位，上书“供奉五姓孤魂十方白子神”，也就是所谓的“厉”。“孤魂”也即“厉祭”在中国古代祭祀中具有悠久的传统，在明代尤其盛行，这与朱元璋鉴于开国战争死亡将士甚多，心有不忍，故命全国各地皆设厉坛有关。在榆林信仰体系考察中，厉祭是非常普遍的。这与榆林地处边疆，多有将士战死沙场，且多无后人祭祀有关。

二郎山与九龙山相对，位于窟野河西岸。二郎山因两边高，中间低，形似驼峰，故而又被称为“驼峰山”。又因形似笔架，被巡游至此的明武宗赐名为“笔架山”。二郎山山势陡峭，临河而立，是形胜之地，成为神木信仰系统最为发达的地区，比九龙山信仰场所更为集中，且保留下来的遗址更多。

二郎山（2010 年摄）

二郎山信仰场所的修建在明以前便已经开始，经过不断发展，形成儒、释、道完备的信仰空间。

二郎山上张公庙是一处很有特点的祭祀场所，是嘉靖年间大同总兵官张坚为其父——死于“土木之变”的宣府参将张锐建立的家庙。中间供奉者为张锐，已从人升华为神，被称作“黑云老仙”，着明代官服。两旁陪祀者为另两位有名的本家——唐代张说、北宋张充之。张公庙曾被毁坏，目前格局为1985年所重设。

站在二郎山回望神木县城，高楼大厦鳞次栉比，窟野河绕城而过，真有当地人所称的“小香港”的感觉。

二郎山祖师庙（2010年摄）

第二节　归德水旁的归德堡

明朝在榆林北 28 里，即河套内，在洪武时期十八寨之一——伯颜寨的基础上，建立了忽都伯颜堡。成化时期，由于鞑靼频繁进入河套，忽都伯颜堡难于守御，从而在成化四年（1468），在延绥镇总兵官房能建议下，向南内迁至榆溪河归德水，改名归德堡。归德堡位于今榆阳区南 40 里刘官寨乡归德堡村，建于山腰。

成化十一年（1475），归德堡周长 1 里 58 步，有墩台 2 座：沙峰子墩、杜二家窊墩，崖砦 4 座。明中后期归德堡不断扩建，周长 2 里 67 步，楼铺 15 座。堡有西关，万历五年、六年重修，帮筑高厚，砖砌牌墙、垛口，共高 3 丈。据（万历）《延绥镇志》图示，归德堡呈长方形。

归德堡是我考察的第一个榆林城堡，处于河谷旁的一处小山之巅。前为榆溪河，北侧泉水汇聚，明代时称“归德水”，今称“沟河”。归德堡村是个小村庄，十分安静，溪水潺潺，

庄稼幽幽，一幅田园景色。几座破败的民居保持了旧四合院的建筑风格，古色古香，这也是陕北一般民居的特点。一株参天古树立于拐角的小径旁，沧桑而隐秘。

历经曲折，终于遥遥望见一段土墙，第一次见到了榆林的营堡，第一次踏上了研究的空间，仿佛时空穿越，十分激动。据（万历）《延绥镇志》图示，归德堡为长方形。但据当地老人讲，归德堡初建之时，为四方形，但后来风水先生说，这里形成了“四龙奉兽”的风水状况，即归德堡四周四山形似四龙，中间归德堡形似兽纽之印，因此改其形状，在后面加上不规则长方形，并开南门，以泄其气。但从实地考察来看，堡还是呈长方形的，处于山原之上。堡南之地，明显有建筑拆毁的痕迹，砖、石丢弃满地。与其他营堡一样，归德堡本来外有包砖，但在“文化大革命”中被拆除，用于修筑水堤。

归德堡现残存四面土墙，西、北墙低矮，东、南墙高大，东墙为便于通车，已被打穿一个大豁口。四面角楼都存夯土遗址。堡中间有一城隍庙与戏台相对，都是现代重修。虽然现在归德堡仅有城隍庙，“文化大革命”前却有多种信仰场所。据当地人讲，归德堡内本有城隍庙、龙王庙、祖师（无量祖师）庙、太师庙、老爷庙（关公）、财神庙、观音庙、活神庙、山神庙、城隍庙、虫老（治理虫子的神仙）庙、马王（保大牲口平安的神仙）庙、娘娘庙等大约 18 个庙。这在城隍庙前的重修

归德水（2009 年摄）

归德堡北墙（2009 年摄）

归德堡东墙（2009 年摄）

归德堡西南墩台（2009 年摄）

碑记中也可以得到印证，碑文提到的神灵有府城隍、曹官爷、石唐（？）严君、石大元帅、董元帅、地方爷等。

榆林营堡遗存，除军事设施之外，其他基本便是各种宗教信仰场所，由此可见明代榆林军队宗教信仰之普遍。与镇治所在地榆林红石峡宗教系统多为官方认可的正统神灵相比，规格较低的营堡的信仰系统更体现了草根性、民间性与生活特征。

归德堡内荒草丛生，站在堡中，望着矮矮的土墙，四周静谧得很，突然有一种异样的感觉，似乎蒙古骑兵正策马而入，厮杀连天，有一种时空的恐惧感与走进历史的真实感。俯望堡之东北角外，归德水在此汇聚为一汪碧蓝碧蓝的湖水，在四周黄土连绵中，显得奇特而灵动。堡东南有一水井。

堡西南侧有三座墩台，两座较好，一座坍塌。攀缘其上，流沙倾下，可见当地土质并不适合筑城。在我所考察的榆林营堡中，归德堡城墙尤为矮小，这应与当地土质有关。

第三节　芦河旁的威武堡、龙州城

考察威武堡时，一路沿芦河向西南挺进。由于考察时日已长，十分疲劳。大巴在山路之间穿梭，两旁整齐的树木一排排后退，仿佛穿过时空隧道，不知道要到哪里去，心中十分空落，有一种莫名的恐惧感与生疏感，独自考察最害怕的就这种寂寞感了吧！

成化五年（1469），王锐在怀远堡以南，建立了芦河第二个城堡——威武堡，撤大兔鹘堡军守御。威武堡依山面河。虽属依险型城堡，但由于山形较为平坦、水道众多，因此不易防守。

成化十一年（1475），威武堡周长2里80步，边墩6座：塔儿山墩、海子山墩、可可山墩、杏树梁墩、木瓜山墩、四里窊墩。控制二边长城63里44步，崖砦小墩32座，川面水口34处，属中等规模城堡。明中后期，威武堡不断扩建，周长2里80步，楼铺14座。隆庆六年（1572），加高3丈。万历六

年（1578），砖砌牌墙、垛口5尺，共高3丈5尺。据（康熙）《延绥镇志》记载，有墩台26座。据（万历）《延绥镇志》图示，威武堡为长方形。

威武堡位于今横山县塔湾镇镇政府东一公里杨小川沟沟口的东山畔上，西与塔湾镇隔河相望。虽临芦河，但威武堡并不在紧邻河谷的山上，要更为靠里一些，堡西有芦河支流杨小川流过。

攀登威武堡时正当中午，天气炎热，威武堡又在一光秃山上，全无遮拦。遂在堡前清流小河边歇息，看一黄牛吃草，一

芦河威武堡段（2009年摄）

群蚂蚁觅食，闲适得很。离开书斋，走向田野，不仅有助于寻找地方史料，获得历史的空间感，也可以从一成不变的呆板生活中走出来，放松一下身心。“行到水穷处，坐看云起时。”平常觉得很重要的事情，在白云悠悠、流水清清中，都觉得不过是过眼云烟。永恒的，是这山，这水。人需要在一定的时候，从社会里走出来，重新回到自然里去，寻找在汲汲忙碌中，遗失的生命真义。

休息够了，于是向山攀缘。路途中遇到一个中年男人在喂驴，看到我这个奇怪的人上来了，一直盯着我。我向他打招呼，他也颔首示意。近几年，不断听到有驴友孤身出外遇险的消息，回想到自己的榆林考察经历，也不禁有些后怕。在考察途中，我包里背着笔记本电脑，手里拿着相机，兜里还有一定的现金，无知无畏地浪迹于人烟稀少甚至荒无人烟之地，确实存在着不小的风险。但陕北人厚道，我在那里遇到的，只有热情的帮助，而没有故意的刁难。虽然夜晚多次住在看起来存在安全问题的乡镇，但却一直都平安地度过。以至于当我回到北京时，不仅一时无法适应喧嚣嘈杂，也对复杂的人际关系感到有些畏惧。

远远地看到了威武堡的西墙，蜿蜒在山顶之上。威武堡四面城墙皆有残存，都十分低矮，可能与土质松软有关。西墙被从中间斩断，一边大体保持夯土原貌，但被挖了两口洞穴，另

一边被开垦为坡田。西墙北端与北墙相接处，尚存角楼一座。南墙虽然绵延不绝，但较为低矮，内外两侧都被辟为坡田，且东段呈现沙化迹象。威武堡西南，尚存墩台一座。东墙被道路冲断，仅余少部分墙体，可怜地矗立在路旁。东墙尚存楼铺一座，北端与北墙相接处，尚存角楼一座。楼铺靠近堡内一侧，被辟为田地，外侧生长着蓝幽幽的野花，与堡内黄土相映，甚为美丽。堡内已辟为农田，大片碎砖瓦砾遍布于地。

威武堡南有一小庙，内有1938年杨继諟塑杨四郎之像，下注“杨四郎将军之位”，上题“宋为良相”。据《宋史》载，杨

威武堡（2009年摄）

威武堡西墙（2009 年摄）

威武堡北墙（2009 年摄）

威武堡东北墩台（2009年摄）

四郎是北宋杨业四子杨延彬，但在民间文学中，皆称杨延辉。真实的杨四郎在杨业死后，被宋太宗授以殿直之职。威武堡中央有重修的城隍庙，重修碑记载了七佛寺、城隍庙修于成化年间，清末同治年间陕甘动乱时，堡内建筑全部毁坏，后经重修。“文化大革命”中，城隍庙连同其他建筑全部被拆。堡东重修老爷庙碑记也记载了相同的故事，并表达了对外地来的红卫兵破坏他们家园的愤慨。

考察完毕，已十分疲劳，于是未原路返回，而打算走有树荫的近路。但山路的曲折迂回，出乎意料，几乎陷入绝境。一路踉跄，最后只能下至河谷，沿河道出山，如履平地，从而对

河谷在陕北交通中所扮演的角色，有了直接的亲身体验。

而在芦河，同样是在成化五年（1469），王锐将龙州寨升级为龙州城。龙州城属于“依险型”城堡。成化十一年（1475），龙州城周长2里295步1尺，有边墩7座：水脑儿墩、麻子城墩、龙州墩、牛营儿墩、化窑寺墩、滴水窊墩、广威墩。控制二边长城77里96步，崖砦小墩30座，川面水口5处，属中等规模城堡。明中后期，龙州城不断扩建，周长2里316步，楼铺9座。隆庆六年（1572），加高2丈8尺。万历六年（1578），砖砌牌墙、垛口5尺，共高3丈3尺，有墩台25座。据（万历）《延绥镇志》图示，龙州城为宽扁靴形，两边笔直。

龙州城位于今靖边县东南龙州乡龙州村。据《靖边县志》载：嘉庆十四年（1809），大水冲塌龙州城南、北城角各一段。同治六年（1867），回民攻陷城堡，后为荒城。当前城砖已被当地农民拆除，土城墙已残缺不全，有五六处豁口。北城墙被水冲塌，成为深堑。

第七章

大漠边城的崛起

成化六年（1470），余子俊继任延绥镇巡抚，对榆林防御体系进行了重大变革，不仅迁移、增筑了十三处城堡，进一步充实了榆林营堡防御体系，而且为加强对河套蒙古的防御力度，在成化七年（1471）设置榆林卫，并于次年将延绥镇治所北迁至此，使之成为抵御河套蒙古的首道防线与中流砥柱。在这种地缘形势下，榆林城强势崛起，成为毛乌素沙地边缘的一座大漠边城，而榆林军队也成为明代长城沿线作战能力最强的军队之一。

第一节　延绥镇的北迁

成化六年（1470），接替王锐任延绥镇巡抚的是出生于四川青神（今眉山青神县）的余子俊。

明朝驱逐元朝，其意义并不限于普通的王朝更代，更标志着中唐以来北方族群长期优势地位的终结。在元末明初的动乱背景下，许多在元朝灭亡后仍留在明朝境内的蒙古人，通过变换姓氏，以获得新的身份，从而规避明朝在婚姻、法律等方面的约束与压制。

在今天的四川、云贵地区余姓人群中，长期流传着"铁改余"的故事，说明初朱元璋接受奸臣谗言，曾想诛灭留于境内的忽必烈后裔，他们无奈逃亡西南，改铁为余，作为姓氏，并相约铁、余世代一家。20 世纪 80 年代，部分民众以此更改民族为蒙古族。如果确实如此，那么本文要说的余子俊，或许便是黄金家族后裔了，再考虑到余子俊是明中后期修筑长城、抵御蒙古势力的引领者，真是耐人寻味。

但除了民间文献之外，并无官方文献支持这一传说，“铁改余”传说实难为据。有学者指出在“铁改余”传说之外，西南地区还广泛存在着各种蒙古（尤其是忽必烈）后裔的传说，这与忽必烈曾绕道西南，翦除南宋后援，在这一地区拥有较大的历史影响有关。

余子俊担任延绥镇巡抚后，对榆林营堡防御体系进行了整体调整，而首要工作便是将延绥镇城从绥德迁至榆林。

榆林地区由北至南，地形大体可分三类，明长城以北是风沙草滩区，以南是黄山丘陵沟壑区，最靠南的西南部白于山区

白于山（2010 年摄）

一带，是无定河、大理河、延河、洛河发源地，是梁状低山丘陵区。因此，榆林地形越向南越险要，这也是明前期在延安、绥德依险设防的地理原因。而越往北，榆林地形越平坦，缺乏山险，不便于防守，这也是明朝在河套南缘广大地区，除府谷、神木稍有兵力外，其他地区并无机构设置的地理根源。

明前期蒙古势力尚未进入河套，榆林较少临敌，绥德卫借助当地相对较好的生态条件，在发展军屯的同时，依托南部延安卫进行防御。但正统以后，榆林屡受蒙古势力进攻，绥德卫因位置偏里，防御颇有鞭长莫及之感。这一时期明朝虽在榆林构建营堡防御体系，但由于防御重心仍在绥德，防御力度有所不足。而绥德卫军屯又大都分布于榆林，若无法有效保护，等于资粮于敌。而迁镇榆林卫，便可以解决以上问题。余子俊最终在成化八年（1472），将延绥镇治迁至榆林。榆林成为镇治后，“外控胡虏，内抚延绥，疆土开拓，藩篱益固。于是，延绥之地，始免抢攘，势同腹里”。

那么，为何选择榆林，而不是其东、西的其他地区呢？这是因为榆林卫以东神木、府谷地理过于偏东，以西三边（今定边县、安边镇、靖边县）地势平坦，不便据守，而榆林卫居于河套南缘中部偏东之地，不仅控制着蒙古势力经由河套南下陕北的主干河谷，而且有山险足以依托。

榆溪河从榆林卫中间穿过，发源于河套的五道河，是其上

源东支流，河套南缘其他河流也从四面汇入榆溪河。榆溪河向南又汇入无定河，无定河最终东入黄河。可见，榆林是蒙古人从河套沿河谷不同方向南下后，进入陕北地区的咽喉与大门。延绥镇移置榆林，正是从军事地理出发，扼制这一关键地区，防止蒙古势力大规模进入陕北地区。

榆林卫两面环山，东面是驼山，北面是红山，这种两边高、中间低的地形类似驼峰，榆林因此又名“驼城”。

榆林不仅有榆溪河穿过，而且西部还有芹河（今芹菜沟）。而驼山、红山与榆林东北的马神山流下的山泉也源源不断地供养着榆林。在河流与山泉的共同滋润下，榆林生态环境相对较好，为驻扎大规模军队，建立镇城，提供了生态基础。

可见，正是由于榆林既处战略重地，又足资守御，明朝才选择将延绥镇治迁移于此。

迁镇榆林后，绥德卫仍保留下来，只是驻军不足原来的十分之一。延绥镇虽然迁至榆林，但镇名并没有改变，只是到了晚明，民间才称延绥镇为“榆林镇”，甚至有“榆阳镇”的称谓，官方文献甚少有“榆林镇”称呼，更未见有“榆阳镇”称谓。延绥镇北迁之后，管辖延安卫、绥德卫、庆阳卫，以及新建的榆林卫，在陕北地区进行整体防御。延绥镇东至黄甫川（今榆林府谷县黄甫镇治），西至盐场堡（今榆林定边县盐场堡村），与宁夏镇接壤，西南包括庆阳卫（今甘肃庆阳市），东南

至延安卫。

虽然在官方史书中，并未记载迁镇对于绥德社会的影响，但嘉靖三十四年（1555），薛应旂整饬延绥兵备，听闻榆林故老讲述 80 余年前迁镇榆林，“军民役死，不下万计，穷簷荒废，千里丘墟，孤儿寡妇，衰麻扶杖，日哭于军门”，凄惨之象，仍如历历在目。同时代人王越也指出迁镇榆林后，陕北民众需要越过白于山，向镇军供应粮草，加重了陕北财政负担，造成了民众逃亡、田地荒芜的现象。

明代有“南方重赋，北方重役”的说法。虽然从史料记载的钱粮缴纳数额来看，南方，尤其江南，远远超过北方的负担；但北方，尤其长城周边的民众，却长期承担了兵乱之苦、劳役之重，只是这种劳役在很多时候并未被记载下来。我们现在看到的历史，只是被记下来的很小一部分，那大部分的苦痛与哀愁，都已烟消云散了。消失的，不等于是不重要的，反而可能是更重要的。

第二节　榆林城的布局与现状

延绥镇治迁至榆林后，榆林从一个普通的寨，跃升为镇城，相应需要扩建城池。围绕其扩建过程，民间附会出“榆林三迁”的故事，说余子俊在河套以南寻找适合建城的地方，一次看见一只白狐狸，便策马追赶，来到驼山后，狐狸便不见了。余子俊看到这里依山面水，非常适合建城，于是将之确立为城址，并打上了界桩。但第二天北面界桩被北移了，周围到处都是狐狸的脚印，余子俊于是将城址向北拓展。但第三天，南面界桩又被向南迁移至榆阳河，于是余子俊又将城址向南拓展。经历这一过程后，榆林城规模大为扩展，成了现在的样子，这就是所谓的“榆林三迁”。

余子俊修筑榆林城时，模仿了北京城的建筑风格，以故城“大街”为中心，东西对称，中间“南塔北台中古城，六楼骑街天下名”，两旁修筑四合院，被当地人称为“老榆林，小北京”。1986 年，国务院将榆林定为国家历史文化名城。

成化十一年（1475），榆林城周长6里246步1尺5寸，控制大边长城75里330步，有边墩9座，崖砦小墩42座，川面水口22处，守瞭墩5座。明中后期，榆林城不断扩建。东城门两座，即威宁门、振武门；南城门一座，即镇远门；西城门四座，即广榆门、宣武门、龙德门、新乐门；北城垣无城门。中部建有镇北楼，加上各城门楼，城墙四角楼及东城上的讯敌楼、观远楼，城墙上共建有城楼14座，东门、南门有瓮城，并设千斤闸，与城墙构成完整的防御体系。据（万历）《延绥镇志》图示，榆林城呈"凸"形。

榆林城位于今榆林市区故城。民国年间，榆林城内众多庙宇被拆除，先后改作学校、工厂、仓库、机关等，虽然频繁的

榆林城（2016年摄）

战争导致多座城楼倒塌，但一直到新中国成立前，榆林城墙基本保存完好。“文化大革命”期间，星明楼下8座石碑被毁，关帝庙、天神庙琉璃九龙壁被拆，万佛楼、戴兴寺、青云寺、红石峡等古庙建筑、古碑刻严重受损，古泥塑像尽被拆毁，其中地运司的破坏最为严重。

现在，榆林明清建筑遗址群沿大街自北而南，依次为鼓楼、凯歌楼、钟楼、星明楼、万佛楼、文昌阁、镇远门，共七处古迹。前六处形成所谓的“六楼骑街”，最南为镇远门。其中星明楼是明正德年间所修，万佛楼是清康熙年间所修，其他建筑皆为重修。由于星明楼造型奇特、工艺高超，榆林当地还流传着瑶池天官下凡，用蛐蛐笼子作为模型，帮助匠人修筑的传说。

大街东北，非常难得地保留着一座牌坊。正面写着“功德千秋”，背面写着“义荡云天”。而顺着这座牌坊向东北走，是一条古色古香的胡同，还保留着大量的古墙、古建筑，大街两旁新建了两排整齐的红色仿古建筑，后面尚存不少明清四合院，古色古香。

目前，榆林尚存南门——镇远门、西门——新乐门与东门，而城墙遗存段保存率不到80%。原有6700多米的城墙，现存有基址的也就5200多米。包砖绝大部分尚存，不过南墙、东墙风化严重。西、南两道墙体在1979年城市建设时，大部分

榆林鼓楼（2009 年摄）

榆林钟楼（2009 年摄）

榆林星明楼（2009 年摄）

榆林万佛楼（2009 年摄）

榆林文昌阁（2009 年摄）

榆林镇远门（2009 年摄）

被拆毁占用。北墙同样由于城市建设，被大量拆除。

榆林城西墙保存较好，大部分段落包砖尚存，只有少部分夯土完全裸露，西南角楼及部分墙体被重新修复。南墙是现存榆林城墙中破坏最为严重者。南墙西侧在20世纪50年代被辟为长途汽车站，并于墙下挖洞，开辟为南出口。这段城墙虽仍高大，但裂痕明显，触目惊心。汽车从城门而出，前边便是繁华街道。古老城墙在拔地而起的新楼群中，显得垂垂老矣，破败不堪，仿佛误入了现代社会，那么尴尬，那么局促，那么让人心生怜悯。

镇远门向东的南墙东段虽保存完整，但长期坍塌严重，曾发生致人死伤的坍塌事故。2009年，我第一次考察榆林城时，这段城墙已岌岌可危，城墙低处挖有墙洞，可通于外，是当地人为方便穿过城墙而为。时隔一年之后的2010年8月，再次考察这段城墙时，破败依旧，只是杂草更茂盛了，旁边的树长得更高大了，城墙墙面增加了“城墙塌方　请勿靠近”的牌子。修护南墙目前已不仅仅是保护历史古迹的问题了，还牵涉到保障人民群众生命安全的社会问题。2010年，这段城墙的修复工作已经开始，由专门修复古建筑的山西古建公司承修。当我2014年再到榆林城时，榆林城南城墙东段已经维修完毕，不再是原来的残破模样。

镇远门南侧是榆阳河，榆阳河是榆林城另一重要河流，由

榆林城南墙西段（2009 年摄）

榆林城南墙东段（2009 年摄）

修复后的榆林城南墙东段（2014 年摄）

西向东流，恰与榆溪河形成一纵一横的格局。关于榆阳河，榆林当地还流传着“金牛刨泉，泉水不绝”的传说。榆阳河现存榆阳桥，在镇远门之南，控制着榆林南向的主干道。榆阳桥创建于成化时期，此后历代不断加以修葺。

1983 年，榆阳桥东新修一水泥大桥，成为与榆林南六县沟

通的主要通道，榆阳桥从而被废置。榆阳桥现砖砌 3 孔拱洞，长 42 米，桥面宽 8.4 米，高 8.3 米，东西两侧砖砌墙栏。以前留下来的康熙石碑已经不存。而榆阳河水，也由于榆林煤炭、石油、天然气的开发，成为排污之所。

榆林东南驼山上高耸着凌霄塔，又名文笔塔，始建于明正德十年（1515），万历三十五年（1607）重修，是榆林的标志性建筑。塔为楼阁式八角形十三层砖石结构建筑，高 43 米，底边周长 33.9 米。塔内已无文物，只有现代所放佛龛及香炉。塔外所绘八方方位，按照《周易》八卦所制。塔下有记录修筑经过的石碑，不过长期封存，未能一睹，颇为遗憾。

榆林城东墙位于驼山之上，多处被斩断，用于开辟道路，夯土裸露，令人痛心。东墙南半段墙体较窄，北半段尚宽，可在上面行走。东墙内外两侧依托墙体修筑了大量民居，还有部分居民在墙下挖洞而居。居民将东墙挖凿、改造为自己院墙的

榆林城东南角楼（2009 年摄）

榆林城东墙（2010 年摄）

榆林凌霄塔（2009 年摄）

现象十分普遍，有的段落被挖凿得只剩下薄薄的一层墙体。依托东墙修建的民家烟囱一个个从墙体上冒出，好像雨后长出的小蘑菇。但总体来讲，东墙基本保存完整，且尚有东南角墩台一座，楼铺三座，东门一座。

东门名“振武门”，是一正方形瓮城，规模不大。两座雄伟的城楼高耸俯视，城楼石基宽大洁白，十分整洁而壮观。门洞两旁有多处对称的墙洞，当为放置门闩之所。东门附近墙下堆积了从毛乌素沙地吹来的厚厚的黄沙。

榆林城东墙北楼铺以北部分，被完全拆除，盖上了漂亮的楼房。北墙也大部分被拆除。

榆林北二里有镇北台。隆庆五年（1571），明朝与蒙古俺答汗达成协议，双方结束了数十年的战争状态，开始进入和平贸易时期，史称“隆庆和议”，又称“俺答封贡”。作为九边之一，延绥镇在榆林城北设置了贸易市场“互市”，名为“款贡

榆林城东门（2009 年摄）

榆林城东瓮城门（2010 年摄）

城”。万历三十五年（1607），延绥镇巡抚涂宗濬在大修榆林营堡的背景下，为监控前来交易的蒙人，防止其作乱，在榆林城北的红山顶上，修筑镇北台，呈方形，共4层，高30余米，在其俯视之下，榆林城一览无余，从而起到为榆林城瞭哨的作用。镇北台现在被称为“长城第一台”。建立互市不仅是明后期长城南北政权的政治行为，也顺应了明后期双方民众开展和平交流的愿望。

镇北台（2009年摄）

镇北台在2001年被列为全国重点文物保护单位。台南壁刻有涂宗濬所题“向明”二字，取自《周易·说卦》：“圣人南面而听天下，向明而治。”镇北台东侧原有万历三十六年（1608）涂宗濬《镇北台记》，“文化大革命”时被砸坏。现存为重立之碑。

镇北台大边长城（2009年摄）

该碑记载了镇北台修筑的军事背景与保护互市的功能。款贡城位于镇北台东北角，也已经重新修缮。

镇北台西北侧有榆溪河通过，水流湍急、水面清澈，十分清美。镇北台由于靠近市区，部分长城地段已被拆毁，使镇北台有些突兀地、孤零零地坐落于红山之上。镇北台平面呈四方形，下大上小，为砖砌四层城堡式结构，每层四周均有女墙，上环城垛，各层之间从台内曲折连通，中隔门洞，最顶部为一露天平台。镇北台东侧长城仅存夯土，新修的砖筑敌楼与原貌差别甚大，反而破坏了该段长城的整体美感。

明代榆林城庙宇分布广泛，尤以东山、红石峡最为集中。东山地势较高，成为追求风水、崇尚清幽的信仰场所的首选之地。红石峡风景清幽，也成为信仰场所集中之区。尤其“隆庆和议”后，明朝、蒙古在款贡城开展互市交易，紧邻款贡城的红石峡信仰系统不仅吸引了汉人，而且同样吸引了崇尚佛教，甚至道教的蒙古人。

东山庙宇群位于东山西侧山坡之上。目前东山信仰区尚被作为榆林驼峰八景之一，寺院尚有香云寺、关帝庙（老爷庙）、大庵、戴兴寺。关帝庙在明清中国北方普遍流行，榆林城也于弘治三年（1490）建成此庙。庙中有2004年立的《修复榆林关帝庙碑记》，记载了榆林关帝庙旧时由戴兴寺、洪济寺、大庵、香云寺拱卫，形成“四寺夹一庙、三桥四牌楼”的壮观景象。

戴兴寺是明正德年间延绥镇总兵官戴钦为其母建立的生祠，建于正德十年（1515），后请洪济寺僧人为住持，始称“戴兴寺”。明武宗巡幸榆林时，纳戴钦女。戴兴寺后来不断演变，成为明清榆林佛教管理机构——僧会司的治所，是明清榆林宗教场所中较为特殊的一个。

除以上宗教信仰场所之外，还有三座宗教建筑位于城外。城隍庙在东门之北，对面有一戏台。明朝规定县、卫、堡以上军政机构皆须设置城隍庙，城隍庙都位于城内中心地带。榆林城隍庙之所以在城外，是因为在重建时，城内原址已被占，只

戴兴寺（2010 年摄）

能在城外另建。

东门外的山上有无量寺一座，是一处道教信仰场所，初建于正德年间，与佳县白云观、榆林青云寺并称榆林三大道观，供奉真武祖师。毁于解放战争，目前建筑都是重修，香火旺盛。从前向后，依次有财神庙、孤魂阁、牌楼、两座大殿。榆林作为镇城，规格比其他营堡要高，因此祭祀孤魂之神位，也不再是简单的木制神位，而是单独设立孤魂阁，总祭延绥镇战死之人、无人祭祀之将士。无量寺内倒数第二层大殿上匾额中书“永镇北方”，彰显着榆林城的军事地位。

第一次去榆林考察，飞机将要降落时，看到榆林北部黄沙漫漫间，突然出现一汪蓝色的湖泊，这便是红石峡。红石峡坐落于红山脚下，峡谷中间断开，榆溪之水潺潺流过，注入榆林城。红石峡宋时为红山寺所在，明成化年间改称“雄山寺”，是著名的佛教场地。令人遗憾的是，“文化大革命”时佛像大量被毁，佛龛中佛像或缺少头部，或铲削尽净。

目前红石峡最引人注目的是两壁上的摩崖石刻，明清以后榆林历代名人在此留下了大量题刻。不过对于研究明代榆林信仰体系来说，最具价值的还是石壁上保留下来的碑文。与榆林其他地区被大量破坏而消失的石碑相比，镌刻于石壁之上的红石峡碑文，被幸运地保留了下来。

红石峡除作为信仰场所外，由于风景优美，还被明朝官方

红石峡（2009 年摄）

辟为集会之所。在延绥镇巡抚张珩镌刻的一处碑文上，记载嘉靖十六年（1537），吉囊、俺答率军进攻榆林。由于防御得当，明军取得了胜利。“诸将因振凯歌楼，大会于红石峡。”

榆林城内外尚有东岳庙、洪济寺、天神庙、马王庙、大龙王庙、准提寺、定慧寺等，多被机关、学校所占。

来榆林的第一天，赶上了大风的天气。风中的榆林、雨中的榆林，完全就是两重天。风，从毛乌素沙区的广阔天地迅猛而来，风中挟裹着黄沙，狂卷而来，几乎要把人卷走，这在凌霄塔上感觉最为明显。风沙骤起时，几乎对面不识人。其他地方刮起沙尘暴时，可以说是风中有沙，而榆林简直就是沙中有

红石峡摩崖石刻（2009 年摄）

风，让人心情十分差。在考察榆林东北走马梁长城时，风沙一起，简直就是一抔沙土直接扔向车里。

风沙过后，榆林下了一场雨，清洗出一个完全不同的世界，呈现出清柔的一面。一条条细雨蒙蒙的小巷呈现在眼前，光洁的石面泛着冷寂而清凉的光，整个榆林沉浸在一片温柔与静谧之中。已被列为国家非物质文化遗产的榆林小曲体现了江南戏剧特征，唱腔柔美伤感，与西北戏曲的苍凉形成了鲜明的对比。望着笼罩在雨雾的缠绵与伤感中的古城，一种恍如隔世的感觉油然而生，昨天那个沙尘满天的城市一夜之间洗去了所有的尘土，宛如冰清玉洁的处子。这时你才能真正理解桃花姑

娘传说中反映的榆林的那份纯真与清美。

榆林由于处于大山与沙漠之间，长期以来经济非常落后，人群迁移较少，语言发展相对较慢，方言词汇比较接近于古语，单音节词较多，如昨天称“夜”，今天称“今”，明天称“明”。普通话已经转音的字，榆林方言仍有很多未转音，比如“去”读“刻”，“街”读“该”。

榆林作为塞上边城，无论语言、文化、食物，都呈现出很强的过渡特征。风味小吃多以“延安小吃”、“内蒙古特产”命名，显示出榆林处于农业、游牧文化的过渡地带特征。榆林人以牛羊肉，尤其以羊肉为大餐。各种羊肉食物，比如烤羊腿、烤羊肉串、羊杂碎汤，是当地最为主要的食物，这显然受到了蒙古风俗的影响。

而土豆是包括榆林在内的西北民众日常最为重要的食物。由于山岭起伏，干旱少水，陕北地区水稻、玉米等作物产量很低。土豆在清代传入西北之后，被称为“洋芋”，开始在西北山岭地带种植，极大地拓展了西北地区种植空间，促进了当地人口增长、经济发展。在榆林长城考察中，我第一次看到生长中的土豆，矮矮的茎、绿绿的叶，看似毫无生机，却生意盎然地偎依在地上，谁知竟是这小小的东西，影响了中国西北地区的历史呢？

傍晚，榆林城继续着热闹与喧嚣，夜市开张了，人们喝酒

划拳，在微风中十分惬意。就连我拍照，也不以为意。伫立东山之上，看着升起的一轮弯月，可能由于黄土高原地势较高的缘故，觉得她那么的亲近与皎洁。北边的毛乌素沙地淹没了蒙古骑兵厮杀的历史回响，风吹来的也是催人深睡的青草芳香，让我不禁觉得，热闹的榆林城，热闹得有些突然与不真实，仿佛古龙笔下描写的那个晚上出现、白天消失的神秘世界。

第三节　余子俊移建十三堡

余子俊上任之后，除了在成化七年（1471）将响水、清平、镇靖三堡复归原地，成化八年（1472），将延绥镇城从绥德卫迁至榆林，以改善防御体系之外，又在成化九年（1473），南迁砖井堡于东海螺城为新兴堡，南迁旧安边营为新安边营，南迁柳树涧堡于上红寺为永济堡，并新筑了建安堡、常乐堡、把都河堡、石涝池堡、三山堡、马跑泉堡。

为拱卫榆林，余子俊在榆林东北修筑了建安堡、常乐堡。建安堡属“依险型”城堡，“城设在山畔，系极冲上地”，开光川流过城堡。“堡西、南、北俱临深沟，东南地形微峻，其险足恃。”

成化十一年（1475），建安堡周长1里1步，有边墩3座：明沙梁墩、栢泉儿堡、黄草梁墩。控制大边长城46里142步，崖砦22座，川面水口22处，属小型规模城堡。明中后期，建安堡不断扩建，周长2里151步，有楼铺15座，墩台23座，

与双山堡共有墩台一座。据（万历）《延绥镇志》图示，建安堡为长方形。

建安堡位于今榆阳区大河塌乡建安堡村，现堡垣砌砖全被拆除，残土堡垣完整，尚存东、西、南3座砖券残城门。堡内部分土地被辟为耕田。

常乐堡，又作长乐堡。成化十一年（1475），常乐堡周长1里210步，有边墩3座：白崖儿墩、白崖儿二墩、暖泉山墩。控制大边长城55里245步，崖砦20座，川面水口13处。明中后期，常乐堡不断扩建，万历时期周长3里50步，楼铺15座，万历六年（1578）重修，高3丈5尺，墩台37座。据（万历）《延绥镇志》图示，常乐堡为长方形。

弘治二年（1489），延绥镇巡抚刘忠鉴于常乐堡当地缺水，地多沙碛，于是向北迁移至今榆阳区牛家梁乡常乐堡村。常乐堡地势平坦，属“扼要型”城堡，“城设在平川，系极冲中地”，旁有獐河（今称头道河）经过。

常乐堡现堡墙包砖全被拆除，残存土墙大部分被沙埋压至顶。东墙尚存砖券城门洞，上刻“威惠门”三字。堡内尚存明清时期永宁寺一处。

新兴堡是余子俊鉴于砖井堡地势平漫的不足，向南迁移至王子川河上游的东海螺城，修筑而成，属“依险型”城堡。砖井堡之所以南迁，除地形缺陷外，可能还与当地水源恶化有关。

成化十一年（1475），新兴堡周长 1 里 4 步，有边墩 3 座：崇宁墩、界至墩、丰阜墩。控制二边长城 38 里 260 步，崖砦 21 座，川面水口 19 处，属小规模城堡。明中后期，新兴堡不断扩建。周长 1 里 146 步，楼铺 8 座，隆庆六年（1572）重修，万历六年（1578），加高 3 丈 3 尺，墩台 11 座。据（万历）《延绥镇志》图示，新兴堡为长方形。

新兴堡位于今定边县油房庄乡星星堡城（又称“新媳妇城”）。由于位置十分偏僻，城垣现仍完整，城内为耕地。

新安边营是余子俊鉴于旧安边营地势平漫的不足，而南迁至新安边川，修筑而成，属“依险型”城堡。成化十一年（1475），新安边营周长 4 里 125 步，有边墩 5 座：长安墩、永安墩、安远墩、永寿墩、清平墩。控制二边长城 97 里，崖砦 34 座，川面水口 19 处。嘉靖年间随着安边营再次迁回旧址，新安边营逐渐荒废，实地考察也可以看出这一情况。

新安边营位于今定边县新安边乡政府所在地。新安边乡坐落于山脚，是一个小乡镇，虽然人口不多，却是一个交通要道，由于道路狭窄，车辆严重堵塞，一逢有雨，便满镇泥泞。行人若不想双脚皆泥，只能沿桥栏，如走独木桥似地走过。

新安边营建于公路旁的脑畔山腰，新安边川从脑畔山东南流过。新安边营是我见过的最为充分利用山形进行防御的营堡。新安边营沿脑畔山分布，形状并不规则，南北两道墙体十

新安边川（2010 年摄）

分绵长，从山顶一直向下，控制新安边川。而西墙由于脑畔山西边较窄，因此墙体很短。东墙最为规则，系铲削山体而成，呈直线分布。新安边营墙体破坏严重，南墙有两道较大缺口，坍塌甚多，且有居民挖洞居住、窖藏。北墙铲毁更多，中间已有大段残缺，但仍能看清脉络。东墙铲毁甚多。四墙之中，以长度最短的西墙保存相对较好，但西墙向下延伸部分，仅余数米低矮夯土，若不重视，伴随风吹雨淋、人为铲毁，将很快完全消失，西墙格局将不复完整。

新安边营四处角楼皆存。东南角楼下面有居民挖洞居住，

新安边营（2010 年摄）

西南角楼因通路缘故，被从中间斩断，西北角楼、东北角楼因位于悬崖之上，因此夯土得以完整保存。角楼之外，新安边营南墙尚有楼铺两处，北墙尚有楼铺两处，东墙尚有楼铺一处。东墙尚存东门一座，位于东墙正中。

新安边营西侧、西北侧尚分别存西瓮城、北瓮城两座。西瓮城处于新安边营西南下角，地势较低，上部建筑已不存，仅存瓮城轮廓，十分荒凉。北瓮城位于西墙、北墙连接处，四面墙体除两处被斩断，用于通路之外，其他皆保存完整夯土，上面覆盖着一层茸茸的绿草，光滑而湿润。可见，明朝鉴于蒙古势力自西北方向沿新安边川而来，因此重点在西北部布防，从而建立了两座瓮城，以控扼这一交通要道。

由于建城于山腰，新安边营有不便瞭望远处的缺陷。为弥补这一缺点，明朝在脑畔山最高峰，修筑墩台，以向营堡传递消息。这种在比营堡位置更高处修建瞭望墩台的做法在榆林长城体系中是十分常见的，犹如现在军营旁皆有瞭望塔一样。这座墩台部分坍塌，下面被掏挖窑洞，旁有一小屋。在更北之山上，还有一座墩台，夯土保存完整。

站在最高墩旁，向下俯瞰新安边营，风势很急，呼呼作响，云彩不断漂移、组合，瞬息变化，投射在新安边营上的倩影，也不断变换着，仿佛在努力唤醒已然凝固了的新安边营，

新安边营北墩台（2010 年摄）

新安边营东南角楼，被老乡开辟为房屋（2010年摄）

新安边营南墙，被老乡挖窑洞储藏柴火（2010年摄）

新安边营南墙（2010年摄）

新安边营北瓮城（2010年摄）

新安边营西北墙（2010年摄）

新安边营北墩台（2010年摄）

以及那尘封已久的喧嚣历史。

由于墩台偏北，无法看到被起伏山势掩盖的新安边营南部的情形。为一览新安边营的另一半真容，于是攀登至新安边营东侧之山。

由于榆林营堡多数分布在山上，因此，为了一睹全貌，必须脱离“此山中”，爬到对面更高的山上。这样，考察一座营堡，往往所爬之山不止一个，经常是两个，甚至三个。每次仔细考察完一个营堡之后，虽然已经筋疲力尽，但心情非常放松舒畅，而一旦必须要攀登对面同样甚至更高的山头时，那种回到原点、从头再来的沉重与绝望，对精神与身体都是一种巨大的冲击与挑战，只能是拖着身体朝上走。所以，田野考察并不要求有很好的运动天赋，却要求具有顽强的韧性，这种韧性是精神与身体两方面的。考察到了最后，对于未知的新奇、终点的诱惑，都没有了向往，剩下的，只有必须完成计划的坚持。所以，每次考察到了后期阶段，在身心都已到极限的时候，我对自己说的最多的两个字就是“撑住”。如果能撑住，就能完成，如果不能，那就是失败。

新安边营东面的山，山势很平缓，并不难于攀登。但所谓“福兮祸之所伏，祸兮福之所依”，下山时由于低估了难度，不想再沿着原来虽然平坦但较为迂曲的道路，而是选择走捷径。结果发现立地三四米处，山体被铲削，如果再返回，山路

太长，而且攀登起来很费劲。于是只能一咬牙、一狠心，闭着眼，从上面跳了下来。虽然一只脚摔了一下，一瘸一拐地走了半天，但没有大碍，也是幸运的了。

虽然辛苦而凶险，但攀登东山，得以目睹新安边营全景，仍然是十分值得的。站在东山，可以看到新安边营沿山体自然走向，大体呈梯形分布，东、西二墙较短，南、北二墙较长。远远望去，墙体宛如几条长龙，盘旋、蜿蜒于高山梯田之中，几与天接，给人一种荡气回肠的感觉。

新安边营四周群山连绵，由于土质较好，新安边营周边满是梯田与绿树，紫色的荞麦花漫山遍野。在连绵群山环抱中，在红花绿树相映下，新安边营显得十分委婉、宁谧，仿佛被历史所遗忘，而与不变的山脉融为一体，与旧安边营的喧嚣与肮脏形成了强烈的反差。

总之，新安边营既拥有俯视山川的壮观，又具有细腻婀娜的灵动，是一种苍凉的美。北方虽然没有南方景色的精致，却有一种大气。而新安边营则集中了这两种美。当我徘徊不忍离去时，天竟然下起了蒙蒙小雨，新安边营弥漫在山岚之中，宛如缥缈虚幻的仙境。在干裂的黄土高原待久了，自己也仿佛变得干巴了，而临走的一瞥，竟是绵绵的情丝。这使我离开这个地方那么久，仍然不断想起她，不知她今天是否依然安好。

成化九年（1473），余子俊鉴于砖井堡、柳树涧堡距离宁

塞营较远，为加强榆林西部纵深防御，修筑了把都河堡。把都河堡也属“依险型”城堡，“堡设在把都河口直川之中”，“南北俱倚山岗据险，为环庆屏蔽”。

成化十一年（1475），把都河堡周长3里6步，有边墩3座：庆安墩、宁靖墩、宁远墩。控制二边长城38里，崖砦14座，川面水口7处。属较大规模城堡。明中后期，把都河堡不断扩建，周长3里180步，楼铺11座。隆庆六年（1572），加高3丈。万历六年（1578），砖砌牌墙、垛口5尺，共高3丈5尺。据（万历）《延绥镇志》图示，把都河堡为长方形。

把都河堡位于今延安吴起县周湾镇许台子村旧城子。当前，把都河堡城墙坍塌，城南有两个墩台，北面最高山上有一个护城墩。

余子俊为控制洛河支流石涝川而修筑了石涝池堡，石涝池堡深入白于山内部，其西部便是洛河发源处，因此石涝池堡也属“依险型”城堡。“设在山上，系次冲上地。”成化十一年（1475），石涝池堡周长3里154步，有边墩3座：甜水墩、宁朔墩、宁靖墩。控制二边长城133里180步，崖砦26座，川面水口20处。明中后期，石涝池堡不断扩建，周长3里184步，墩台14座。入清后，石涝池堡裁归定边营。据（万历）《延绥镇志》图示，石涝池堡为葫芦形，实地考察也证实了这一点。

石涝池堡位于今定边县王盘山乡南石涝沟沟口山上。由

石涝川（2010年摄）

石涝池堡（2010年摄）

于当地地形十分复杂，汽车沿着弯曲的山道，不断穿梭，找了很久，才找到石涝池堡。石涝池堡所居之山不仅高大，而且陡峭，从山下仰望，仅可以看到一段南墙，沿山体呈弧形分布。

由于石涝池堡地形非常险要，山下也无适合居住之地，因此当地居民都已经外迁，城堡完全废弃。凡有人迹的地方，附近之山即使荒凉，也大都有踩出的印迹。而石涝池堡只在部分地段有一条旧路痕迹，大部分地区毫无路径可寻，只能自己摸索。由于草丛茂盛，白色、绿色的苔藓覆盖了整个山包，走起来十分湿滑，一不小心就会从山上滑下。高高的杂草也常常挡住去路，只能抓住几株无刺蒿草，再踩倒有刺的杂草，才能开辟出一条道路来。所谓“披荆斩棘”，说得大概就是这个意思吧。

随着山的自然走势，从山的西南逐渐攀登，手脚并用，终于找到一段已被荒草掩盖的旧路，也印证了石涝池堡曾经是个

热闹的地方。但再往北走，这条旧路坍塌成一道深沟，这道深沟一直延伸至北楼铺，可能是原先挖掘的一条地洞被雨蚀的结果。如果这一推测成立的话，那么石涝池堡守军可以不经由地面，直接从堡城由地洞进入楼铺。

整体来看，石涝池堡遗址近似葫芦。堡城主体位于山原南半部分，依山形修筑，形成圆形。石涝池堡四面角楼尚存，其中西北角楼夯土较为完整，东北角楼体积最大，但已有部分坍塌。四面墙体皆存，其中西墙、东墙保存较多，南墙、北墙风化、坍塌明显。石涝池堡西侧、北侧修建了两座瓮城。西瓮城夯土较为完整，北瓮城外墙西段已损毁，东部保存尚可。

在石涝池堡以北更高的邻山上，建有一座墩台，负责瞭望，传递消息。而在石涝池堡西南，也建有两座墩台。三座墩台从东、西两侧，共同瞭望石涝沟。从石涝池堡墩台分布，以及两座瓮城位于西、北方，都可以看出石涝池堡防御重心是在石涝沟。

石涝池堡南墙外一片长方形空地上，瓦砾满地，是原先石涝池堡的信仰区，不过现在所有庙宇已全部拆毁。

在定边营南部，余子俊又修筑了马跑泉堡。

三山堡也建于成化九年（1473），地处十字河流域，位于今定边县冯地坑乡新城滩村之南，是延绥镇最靠西的城堡。当地原设槐安巡检司。之所以修筑此堡，是为防范鞑靼突破定边营、宁夏镇交界处防线后，进入榆林西南部。属“依险型”城

堡，山形颇为险峻，“本堡峰峦环抱，险尽可守”。但水质较差，“惟水咸难食，居人患之”，是其不利因素。

成化十一年（1475），三山堡周长1里300步，有墩台2座：三山儿墩、可可原墩。控制二边长城125里，崖砦40座，川面水口16处，属小规模城堡。明中后期三山堡不断扩建，万历时期周长2里240步，楼铺三座，万历三年（1575），加高3丈2尺，有墩台8座。入清后，榆林已属内地，军事地位大为下降，裁撤了不少城堡，其中三山堡便裁归定边营。据（万历）《延绥镇志》图示，三山堡为不规则椭圆形。

三山堡坐落于广袤山原之上，东侧是沟涧，周边仅余墩台3座。三山堡地处白于山中，距离公路有20公里之遥，且蜿蜒曲折，十分难走。如果不是当地司机，估计驾驶起来会很不适应。一路颠簸之后，终于遥遥看见三山堡遗址，周围可耕可牧，一派田园景象，三山堡之地势险要且经济便利，于此便可看出。

三山堡虽被当地人称为“烂城子”，但保存情况要比许多营堡好。堡呈正方形，四面墙体皆甚完整，仅东部有两处豁口。四面角楼皆存完整夯土，北瓮城、南瓮城、西瓮城夯土完整。东墙还有楼铺一座。堡内墙根处尚有瓦砾堆积，当为老乡拆除包砖时所遗留。三山堡内种植了大片的向日葵与荞麦，夕阳给它们涂上了淡红的韵彩。

值得注意的是，三山堡墙体中岩石很多，尤其北墙有一巨

三山堡（2010 年摄）

大且薄的石块竖于墙体中间，起到加固墙体的作用。可见三山堡的修筑显然是就地取材，利用了当地非常适合筑墙的石块，将之掺入夯土之中。三山堡墙体多处出现中空，西墙内侧尤其被掏挖甚多，这在其他营堡中尚未得见，应是明时用来守城的设计。

考察完三山堡后，天已经快黑了，红霞飞满了西天，给这座废弃的城堡涂上一层红晕。站在墙上俯视三山堡，仿佛神话中的落日之城。在归途中，看着三山堡一点点被吞没于白于山深深的黑暗中。

第八章 『搜套』的困境

成化初年，面对河套蒙古逐渐严重的军事威胁，明朝虽仍继续在榆林修筑营堡，但已开始将解决河套危机主方案，寄托于再次发动“搜套”战争。可是在“搜套”战争胜利后，明朝仍搁置河套，并未有相应举措，其中原因虽不清楚，但应与明代河套沙化严重、明朝未能控制阴山，并不具备完全控制河套的历史条件有关。总之，“搜套”战争之后，明朝仍未能完全控制河套，这为鞑靼的再次南下提供了历史空间。明中后期鞑靼不断穿越河套，搅动西北边疆，明帝国进入多事之秋。

第一节 成化初年的“搜套”方案

成化初年，虽然宪宗与兵部尚书王复，都肯定了榆林营堡纵深防御体系在河套防御中的作用，并积极加以改良，使其发挥最大作用；但以李贤为首，力主彻底解决河套问题的“搜套”方案，以“毕其功于一役”为口号，更具吸引力，拥有更大的影响。宪宗自幼经历了“土木之变”造成的国难危机、景泰时期的“易储”风波、天顺时期的储位危机，这使他生性内向而自卑，性格较为柔弱，在政治决策上，容易受到文官集团的影响。李贤作为保全宪宗储位的内阁首辅与顾命大臣，对于宪宗具有很大的影响力。因此，宪宗一方面批准榆林营堡改良方案，另一方面又将“搜套”作为主流方案。而主张营堡方案的王复，最终被从兵部尚书的位置上赶了下来。

成化初年“搜套”行动中，由于石氏家族已经覆灭，“搜套”职责于是落到杨氏家族身上，杨洪侄杨信充任总兵官，在榆林地区集结军队，率军入套。值得注意的是，在这次任命

中，兵部尚书王复是持反对意见的，至于反对原因是出于对“搜套”方案缺乏信心，还是对杨信军事能力存有质疑，尚不清楚。但当时主政的李贤压制了王复，坚持杨信出任“搜套”总兵官。

杨信，“幼从（杨）洪击敌兴州。贼将方跃马出阵前，信直前擒之，以是知名”。正统末年，杨信升都指挥佥事。“土木之变”后，杨信仍驻守宣府镇，任怀来等处守备。在景泰元年（1450）护送粮饷途中，闻炮声而还，所表现的畏懦，与其初出道时的勇猛颇不相称，后来史事进一步证实持重甚至畏懦是杨信的最大弱点。景泰六年（1455）的一次军事行动中，杨信不依期进兵，导致作战无功。天顺元年（1457），杨俊因屡遭弹劾，并曾在景泰时期对英宗不利，因此在英宗复位后，便被诛杀。于是杨信便成为杨氏家族唯一尚能一战者，于天顺元年升任延绥镇总兵官，次年取得高家堡之捷。但从战果来看，战役规模并不大。天顺三年（1459），杨信协助石彪，取得了野马涧大捷。

可见，明朝之所以委任杨信充任“搜套”总兵官，是鉴于其天顺时期在延绥任上，具有一定战绩。但杨信畏懦的性格，并不足以指挥如此大规模的战役，军队调动非常缓慢，未能有效阻止毛里孩进入陕西。成化二年（1466），阿罗出再次进入河套，杨信虽取得小龙州涧之捷，但次月汤胤勣驻守孤山堡，

中伏而死，引起了朝野震动，杨信再次面对巨大质疑与批评。在这其中，以王复为首的兵部多次对杨信及参赞军务文官项忠加以弹劾，一时之间，兵部与“搜套”官员之间关系非常紧张。

正当杨信身处信任危机之时，毛里孩在鞑靼内乱与冬季严寒双重冲击之下，请求与明朝展开朝贡贸易，从而退出河套，杨信虽幸运地不战而胜，得保晚节，但杨氏家族的最后一点威望，也被其消耗殆尽，杨信也最终从“搜套”行动中退出。

另一方面，他的政敌王复，也并未成为胜利者，同样失败地从兵部尚书职位上退了下来，与工部尚书白圭互换位置。

王复，字初阳，北直隶顺天府固安（今河北固安）人。白圭，字宗玉，北直隶真定府南宫县（今河北南宫）人。二人都是北直隶人，皆出身于天子脚下。同样巧合的是，二人都是正统七年（1442）进士，属一榜同年。但在试职期满之后，二人命运却呈现完全不同的转向。王复授刑科给事中，白圭授御史。虽然两人同属监察官员，在明代并称“科道”，但给事中基本在京为官，而御史多有外放。王复、白圭二人也确实从此内外分途。王复由于“声容宏伟，善敷奏”，适于殿堂值班、处理奏疏，从此走上了京官路线，先后任通政参议、右通政，兵部左、右侍郎。成化元年（1465）升任兵部尚书。而白圭机缘巧合，在朱勇攻打兀良哈一役中担任监军之职，从此走上了

外官路线，与地方军事结下了不解之缘。

就在白圭与王复渐行渐远，仕途趋向大为不同之时，天顺四年（1460），在阁臣李贤推荐下，白圭被内调为兵部右侍郎，而当时任兵部左侍郎的恰是王复。在兵部内部的地位排序上，王复在先，白圭在后。两人不仅同乡、同年，甚至要同部为官了。明代六部官员有两种来源，一是内官迁调，一是外官内调。内外两途的结合，使明朝六部官员既熟悉朝廷典故，又了解地方实情，有利于处理政务。白圭在地方上的军事经验与取得的功勋，皆符合内调兵部的资格。明代兵部官员并不全然在京为官，地方征伐之事，也多由兵部侍郎，甚至兵部尚书主持。白圭次年便被再次外任，参与抵御孛来的战争。以白圭而非王复出征西北，可能是当时兵部尚书马昂鉴于白圭久历兵事，能力与经验优于一直在京为官的王复。白圭在这次战役中获得了胜利，为酬报其功，明朝需要升迁其职。但此时兵部尚书由马昂担任，白圭无由进取，遂转迁工部尚书。虽官职获得了升迁，但工部不如兵部重要，白圭的才略也更适合在兵部施展。

接替马昂任兵部尚书的是王竑。王竑在“土木之变”后，因倡导群官廷杀锦衣卫指挥马顺而名震天下。但若论军事经验，他参加过的一次比较重要的军事行动也只是与白圭一同出征孛来。王竑起复之前的故官是浙江参政。此次起复，其地位

应该是低于白圭的。取得战役胜利后，白圭得以进职工部尚书，而王竑仍然留镇西北。二者地位、功劳之差别，于此可见。但兵部尚书马昂调任户部，给王竑提供了一个很好的机会，王竑从而得居兵部尚书。如果白圭此前未被升调工部，兵部尚书的职位最有可能由他继任。明朝选择以王竑继任兵部尚书，而不以兵部左侍郎王复正常升迁，反映出当时朝廷对一直在京为官的王复管理军务的能力还是存在质疑的。但成化元年（1465），王竑便由于举荐岳正等人遭到李贤反对，而辞去尚书之位。兵部尚书职位再次面临空缺。在兵部左侍郎任上积累多年资历之后，王复终得执掌兵部。

但王复任职兵部尚书之后，军事既非其专长，又因弹劾当时文武系统知兵者的代表杨信、项忠，得罪了二人的荐主李贤，地位并不稳固。上自阁臣，下至总兵，王复已被当时掌握朝廷实权的人物隔离。其被迫出巡西北，与其说是明朝加强整饬西北边务之需，毋宁说是为能够处理各方关系，且为有军事才能的新兵部尚书的递任创造条件。王复从西北回还之后，便改任工部尚书，而时任工部尚书的白圭与之对调，改任兵部尚书。

王复离开兵部的政治因素是其所主张的榆林营堡防御方案，与成化时期主流的“搜套”防御方案相去甚远。在“搜套”已成主流方案的情况下，王复一直计较、纠缠于“搜套”

行动的具体过失，虽在具体层面履行了兵部职责，但却在无意中站在了整个国家战略层面的对立面。

在当时政治背景之下，王复虽已明显不宜居于兵部，但若没有合适人选，明朝也不会迅速将之罢免。而正是在此时，白圭以其丰富的地方军事经验，尤其以平灭荆襄叛乱所带来的巨大声望，成为朝野众望所归的兵部执掌者。白圭为人确实十分干练。《明宪宗实录》便充分肯定了白圭的军事才能，“圭，伟仪状。历官中外，数从军旅之事。累有劳效”。白圭任职兵部尚书之后，适逢固原土达满俊（满四）叛乱，白圭于是推举项忠总督军务，破格让他位列总兵官之前，率军平叛。

第二节 “搜套”的曲折开展

成化五年（1469），阿罗出再次进入河套时，兵部尚书白圭力主“搜套”。但白圭对于“搜套”行动的战略设计，却尚不清楚。《明史•叶盛传》记载：“满都鲁诸部久驻河套，兵部尚书白圭议以十万众大举逐之，沿河筑城，抵东胜，徙民耕守。帝壮其议。”但这条记载是孤证，其他史书都未见白圭有此主张。反而叶盛曾表达过类似意见，可能《明史》在纂修之时，将他人尤其是叶盛的言论误为白圭所发。

由于杨信能力不足以“搜套”，明朝改而委派平灭荆襄流民叛乱的朱永，充任“搜套”总兵官，并由文官都御史王越参赞军务。《明史》评价王越称：“长身，多力善射，涉书史，有大略。”他受命“搜套”后，当月便取得了胜利，展现出很强的军事指挥能力。

成化六年（1470），朱永统率军队，与阿罗出部众在双山堡展开大规模野战，并进一步追击至河套以内，最终明军获

胜，取得了双山堡大捷，斩首 106 人，阿罗出受伤败走。双山堡大捷是朱永军队对阿罗出的搜剿行动取得的重大胜利。

阿罗出兵败之后，也如毛里孩一样，请求与明朝展开朝贡贸易，同样获得了明朝的同意。但阿罗出在朝贡期间，仍然进攻明朝，并与孛罗忽结合，再次进入河套并攻至怀远堡。但在此地，阿罗出中了王越的埋伏，王越取得了比双山堡更大的胜利，斩首 164 人。受到多次打击之后，阿罗出不再南下榆林，而是游牧于河套北部。成化七年（1471），阿罗出与乩加思兰、孛罗忽发生冲突，被后者逐出河套，从此不再进入河套。

此次“搜套”行动与杨信负责的那次相比，无疑在战役层面取得了明显战绩，朱、王二人军事能力，也应优胜于杨信。尤其是王越作为文官系统代表，在“搜套”战役中，展现了很强的战略意识与指挥能力，“而制敌设奇，（朱永）要不能如王越”，反映出文官系统在明中期武将断层的情况下，逐渐走到军事前台。成化七年（1471），朱永重回京营，王越遂统率军队，职责为“总督军务”，独立负责防御事务，成为陕西三边总督之滥觞。

但从战略层面而言，“搜套”军队并未在军事胜利后，进一步驻扎河套，巩固军事空间，而是采取遣散军队、分散就粮的做法，从而为乩加思兰再次盘踞河套提供了可能。这一战略层面失误，显然并非具体执行“搜套”命令的朱、王二人的责

任，白圭作为中央倡导“搜套”的负责人与主持者，显然承担着战略规划之责。所谓沿河筑守、收复东胜，在整个“搜套”行动中，却未看出痕迹与踪影。

成化七年（1471），乩加思兰在驱逐阿罗出后，顺势也进入河套。成化八年（1472），白圭再次提出“搜套”。除王越仍参赞军务外，“搜套”总兵官改由平灭大藤峡苗人、辽东女真叛乱的赵辅担任。但赵辅平定大藤峡之功既多不实，而其征伐辽东女真部落，也是趁其势弱之时建功，不仅未安定边疆，反而导致后来女真的不断报复。可见，赵辅军事能力较为普通，但善于弄虚投机，从而不断获得晋升。

赵辅赴任之后，并未能阻止乩加思兰南下，榆林地区屡被进攻，赵辅遂遭到弹劾，后主动辞职。两月后，明朝命刘聚代替赵辅。刘聚上任之后，“搜套”行动仅取得了一些小规模战役胜利。反而是陕西巡抚马文升，在韦州防御中取得了很大胜利，斩首200人。

成化九年（1473）十月冬季来临之时，王越最终取得红盐池大捷，此役是成化时期明朝“搜套”行动的最大胜利，共擒斩355人。但这一胜利，却有些胜之不武。蒙古势力南下明朝时，基本都会将老弱妇孺安置于距离边境较远的地方，以防止明军偷袭。成化时期，鞑靼在河套经营已久，防备心有所松懈，从而在成化九年（1473）九月十二日南下时，未对大本营

进行妥善保障。王越认为鞑靼“道远兵疲，必难取胜，宜率轻兵捣其巢穴”，于是从榆林东部的红山出发，昼夜兼行 180 里，到达白咸滩，侦查到鞑靼老弱妇孺在红盐池（又称“红咸池”），“连营五十余里”，于是兼程而进，“擒斩共三百五十五，获其驼马、牛羊、器械不可胜计，烧其庐帐而还”。当鞑靼抢掠回归之时，才发现大本营已经被偷袭，父母、妻子、儿女与财产都已荡然无存，于是“相顾悲泣以去。由是不敢复居河套，其势顿衰。议者谓此捷自前所未尝有”。红盐池大捷后，当月王越又上奏取得韦州大捷，斩首 149 人，但却有杀戮逃归汉人之嫌。

经过两次大捷之后，明朝对河套蒙古造成了沉重打击，使他们在一段时间内不敢再南下河套，“搜套”行动从而取得了战略性胜利。王越作为文官的代表，取得比武将更为卓著的战功，这反映出文官系统军事能力已然超过人才断层的武将系统。伴随鞑靼各部出套，“搜套”军事行动告一段落。王越作为文官取代武将，担任了固定防御河套的陕西三边总督。

但由于战略设计的原因，明朝在此大胜之后，仍未进一步在河套设置机构、固定控制，而是采取空置河套的方式，为鞑靼各部的再次入套提供了可能，河套也逐渐成为鞑靼的固定驻牧之地。

第三节　明中期河套徙民耕守的不可行

从种种迹象来看，成化前期，明朝内部应提出了一种在“搜套”战争胜利后，移民河套、沿河防御，从根本上阻止蒙古势力进入河套的战略方案。但“搜套”成功之后，该方案并未获得实行。原因何在呢？这与明朝西北地区的财政压力、河套地区的生态环境具有直接关系。

元、明之际，经历元朝内部、元明之间战争的长期破坏，西北地区经济损失严重。在洪武前期北部边疆连年战争之下，山西、陕西民众承担了极重的赋役。战争之外，陕西、山西民众尚需承担王府禄俸。但与之形成鲜明对比的是，西北地区是生态环境脆弱地区，灾荒多发，旱灾最为频繁，因此西北地区广泛流行祈雨风俗。旱灾之外，由于无霜期短的缘故，西北地区经常出现霜降提前到来的现象，从而导致庄稼歉收。由于民众收入与赋役征发一直处于紧张状态，从而引发了西北官民之间的诸多冲突。

在榆林地区，由于毛乌素沙地已蔓延至榆林一线，导致大量平原地带无法有效耕种。而在沙地以南，生态条件也非常脆弱。由于纬度较高，无霜期短，农作物生长时间较短，一年仅可一熟。又因为地势较高，难于灌溉，无法大规模推广农业，耕种、收获季节经常发生“卡脖子旱”，对榆林农业生产构成了严重冲击。除常见灾害之外，榆林地区秋季收获之时，尚经常降落冰雹，当地因而产生了“扫天”风俗，以祈求天气晴朗。

长期生活在穷困生活中，望着那连绵无尽的令人绝望的灰山，陕北民众抒发感情的民歌，也包含着一种化不开的愁绪。我曾在米脂群山中听一位女孩唱陕北民歌，那种凄苦与悲凉被婉转、绵长的歌声传到重重山岭之外，浓得化不开的感情好似一圈圈的涟漪荡漾开去。

正统时期，榆林堡寨建立之后，在边防之余，屯田以求自给。但在当时脆弱生态环境与蒙古人不时进攻的背景下，明朝逐渐减少军屯赋税与自采粮草，故而榆林堡寨粮草供给仍主要依靠民间与官府输运，很快便导致民众饥馑、流徙现象的产生。虽然明朝采取折色征收、降低开中盐引价格、纳草赎罪等方式，以增加榆林粮草供应，但榆林堡寨仍经常发生“军人缺食，野多饿殍”的现象。粮草一时成为榆林地区核心问题之一。

正统以后，西北民众在灾荒威胁之下，四处流徙现象已十分严重。景泰时期，兵部尚书于谦鉴于陕西财政危机，建议在河南、陕西二省之间建立运粮通道，以弥补陕西钱粮亏空。天顺以后，伴随鞑靼进入河套，对河套周边不断进攻，西北地区财政匮乏愈加明显。宪宗即位之初，总督陕西军务的项忠请求从河南、江南等地进一步调拨物资来供应西北。根据几十年前陕北运输工具，大体可以推测明代运输方式基本不外乎骡、驴、草原牛与骆驼等畜力运输，可能更多地还是主要依靠人力运输。在这种较为原始的运输条件下，运输难度与代价可想而

驴车（2009 年摄于横山县党岔镇阳湾村）

知。事实上，运输一石粮食，可能要耗费两石甚至更多的粮食。相应地，明朝对赋税的征收，便是本来数字的三倍以上。

为了减轻西北财政负担，陕西部分王府被迁至内地。即使如此，西北社会动荡之势仍日益加剧。明中叶，“荆襄之乱”的发生，便是正统以后，陕西、山西、河南等处民众在灾荒冲击之下，流入三省交界之处的结果。

而如果移民河套、沿河守御，则需要西北地区在“搜套”之后，继续供养长期驻扎的庞大军队，这无疑会将西北社会推向崩溃的边缘。对此，明朝是不得不考虑的。

不仅如此，在河套生态环境与明代政治格局制约下，移民河套、沿河守御也并不现实。

河套由南向北，依次是今毛乌素沙地、鄂尔多斯高原、库布齐沙漠、河套平原。只有以包头为中心的河套平原，适合大规模农耕。其他都是多种生态景观比如湖泊、草甸、草原等错杂之地，只能开展零散、粗放的农业经营。整体而言，河套属于中国古代农业的边际地带，无法推行大规模农垦。

河套平原是其中的一个异数，所谓“黄河百害，唯富一套”，这里的“套”，指的是“后套”，即今河套平原。由于黄河从河套平原中间穿过，不断滋润着两岸的土地，从而提供了大规模农垦的土壤条件。

中古以前，河套整体生态环境虽不利于大规模农垦，但

秦汉、隋唐建都关中，为巩固河套屏障，都曾举全国之力，移民屯垦。虽然这一做法加强了关中保障，但迁移民众、发放物资、在经营未见成效时的继续供应，都使秦汉、隋唐面临一定的财政危机与社会动荡。比如西汉“兴十万余人筑卫朔方，转漕甚辽远，自山东咸被其劳，费数十百巨万，府库益虚”。而一旦中原王朝实力衰落，居于边地的河套很快便会再次被北方族群占领。明朝政治重心既已东移，河套从中古以前的战略重地，降为西北边缘，就没有必要再不惜一切代价经营河套。

不仅如此，明代处于气候的“小冰河期”，在寒冷气候与前代农业垦殖的影响下，毛乌素沙地进一步蔓延与扩张。“沙漠旷远”、“黄沙漫漫”成为明朝对河套最为常见的景象描绘。榆林长城修筑之后，便不断受到风沙的侵袭。万历时期，经常出现毛乌素流沙壅塞榆林长城的现象。

毛乌素沙地的扩张对于明朝移民河套、沿河守御产生了两个方面的直接影响。一方面是直接减少了河套可以耕种的土地，另一方面是切断了河套与陕北的经济联系，使徙民耕守河套行动会呈现孤悬于外的局面。因此，明朝在移民北上、物资供应等方面，存在越过地理障碍、拉长交通线的困难。这对于明朝，尤其是对西北地区会形成极其沉重的财政压力。

虽然在河套沙化中，河套平原并未受到明显影响，明朝完全可以利用这一地带，徙民耕守，但由于河套平原与蒙古高原

毛乌素沙地（2009 年摄）

毛乌素沙地不断扩大（2009 年摄）

接壤，明朝势必首先在黄河以外驻守大军，才有开发河套平原的可能。这意味着要求明朝改变永乐以来北部边疆基本立场，举全国经济、军事之力，重建阴山边疆，这种戏剧般的政治方案，对于政治重心已经东移、河套已成边缘的明朝来讲，只能是空中楼阁，完全缺乏操作性。

在河套考察中，我曾被河套的广阔与壮观所震撼。车一直在一望无际的高原上行驶，沙地、丘陵、农田、草原、森林不断交错。在毛乌素沙地，长城附近呈现农田、沙地、林区交错的局面。再往北，沙化较为严重。即使如此，毛乌素沙地仍有不少湖泊，比如巴图湾水库，水甚清莹，规模也大。在此荒凉地区能有此湖泊，甚是令人兴奋。毛乌素沙地以北是丘陵连绵的鄂尔多斯高原，面积要比毛乌素沙地大。最北是河套平原。黄河自西而东流过，虽然不复往日雄风，河道已大为狭窄，但仍然十分壮观，在夕阳照耀下，泛起金色的光芒，给河套染上了一层神秘的色彩。

第四节　明朝再次搁置河套

虽然从客观层面而言，明朝缺乏移民河套、沿河守御的历史条件，但历史现象并非完全由经济基础决定，政治、文化，乃至个人因素，都在其中扮演了十分重要的角色。朱棣五次北征，便是以巨大的经济代价换取军事成功的典型个案。那么，成化时期，明朝在河套地区为何没有这种魄力了呢？

这是因为朱棣以武力夺取帝位，为赋予统治合法性，竭力开拓边疆，从而不惜以举国之力，开展诸多壮举。但这一非常态化政治举措将明朝财政推向了崩溃的边缘，实难于继续支撑下去。为此，仁宗、宣宗即位后，才采取收缩边疆、节约财政的政策，推动政治走向正常化。中国古代常态政治，在边疆开拓与社会稳定之间，一直秉持“攘外必先安内”的政治文化。

中国古代核心地带生态环境较为优越，由此发展出发达的农业经济。与之相比，四裔边疆生态环境较为恶劣，经济方式较为落后。这一地缘政治格局导致中国古代边疆开拓不仅收

益率较低，而且由于战争占用劳动力，并增加了赋役负担，从而对农业经济产生严重冲击。因此，中国古代政权在边疆开拓时，往往采取较为谨慎的态度。部分政权虽在一定时期尝试采取更为积极的策略，但往往造成民众流离失所、社会动荡不安，只能再次回归传统的模式。长期的历史经验教训逐渐形塑出一种无形的约束与规诫，促使中国古代政权在边疆开拓之时，首先会考虑是否影响内政稳定。

成化前期，伴随"搜套"行动长期无果，对西北地区财政却逐渐造成严重影响，使其几乎处于崩溃边缘，"攘外必先安内"的政治文化从而逐渐弥漫开来，并愈益甚嚣尘上。

在这其中，中央以平衡财政为职责的户部，地方以安抚民众为职责的延绥镇巡抚、陕西镇巡抚，成为高扬"攘外必先安内"的政治文化旗帜、对"搜套"方案持坚决反对态度的政治群体。中国古代农业财政在税收能力有限的情况下，秉持"量入为出"的财政原则，制订财政收入标准，在此基础上平衡开支。明朝延续了这一财政政策，如何在一定的财政总额下，节约、平衡开支，成为户部的职责。

成化时期，户部虽然以平衡财政为部门利益，但在朝廷指令之下，也竭力为"搜套"行动解决粮草供应的问题，但在成化四年（1468），严重的赋役负担已导致西北社会民众流徙，户部再次依据"攘外必先安内"政治观念，强调"搜套"行动

影响了西北社会安定。成化六年（1470）六月，户部郎中万翼奏请停止“搜套”，改在榆林防御。不过兵部尚书白圭并不同意，提出了分散就粮的方式。成化七年（1471）二月，在督理陕西粮饷的户部郎中谷琰的建议下，明朝暂时停征大同等处“搜套”军队。两天后，兵部尚书白圭也在严峻的财政形势下，决定暂时停止“搜套”。

为筹措成化时期最后一次“搜套”军事行动，明朝中央与西北地方已尽最大可能，采取各种方式筹集粮草。成化七年（1471），陕西右参政庞胜、延绥镇巡抚余子俊，奏请从中央与陕西地方，调拨粮食，供应“搜套”军队。但成化八年（1472）初春，榆林地区财政已然处于枯竭境地。为筹措足够的粮草，白圭首次提出赋税预征方案，预征山西、河南赋税，以补陕西财政不足。虽然与加赋不同，预征只是将赋税提前征收，并未增加总额，但两年税额叠加一起，对在兵乱、灾荒长期冲击之下已经入不敷出的西北民众而言，所承担的经济负担骤然加重。不仅如此，由于提前征收的缘故，粮草短缺的西北社会物价高涨，甚至出现翻倍现象，对西北社会冲击甚大。

在这种情况下，西北地区大规模出现民众饿死、流徙现象，“死亡不可胜计，横死道路，人所共见”。鉴于预征方案所产生的严重后果，成化九年（1473）六月，明朝决定在山西停止预征赋税。在停止预征西北赋税中，宪宗的态度起到了决定

作用，兵部也转变以往单纯从军事角度思考问题的立场，开始考虑财政因素，有缩小“搜套”军队规模，甚至临时中止这一行动的打算。

“搜套”行动成本巨大、影响广大，而收效较小，明朝在“搜套”军事胜利之后，不仅未能进一步对河套实行政治进占、固定控制，而且被迫停止向西北地区征收粮草，以缓解当时社会动荡的局面。

第九章

榆林长城立体防御体系的构建与影响

鉴于多次“搜套”疲师耗饷，却长期无法获得预期目的，反而引发西北地区财政危机与社会动荡，明朝上下反对这一方案的政治舆论越来越高涨。明朝最终在榆林地区构建起结合边墙前沿防御与营堡纵深防御的立体长城防御体系，有效加强了榆林地区的军事防御，在一段时期内保障了陕北地区的社会安定与经济生产。但明朝不断增加戍守士兵，并且大量吸纳民众进入军事系统，不仅使榆林财政危机越来越严重，而且使当地社会“军事化”特征越来越明显。明末陕北的严重旱灾，进一步加剧了这一地区生态与军事之间的巨大张力，使这个长期关系紧张的社会，顿时崩溃，从而酿成灭亡明朝的农民战争。

第一节　成化前期“边墙”方案的提出

明中期九边长城地区，各镇总兵官与巡抚在职责分工上，总兵官负责统率军队、整饬边防事宜，巡抚则负责后勤供应、军民管理。这导致二者具有某种不同的利益取向，总兵官为代表的武将系统强调战功，而巡抚为代表的文官系统则更强调社会安定。社会安定取决于两项因素：一是减少兵乱，二是财政平衡，而此时巡抚与总兵官对于这两项因素的立场与态度，都存在冲突之处。

延绥镇巡抚由于职责在于安定社会，因此耗费大量钱粮的“搜套”行动与纵敌入境的营堡防御，都不符合、至少不是最符合其政治利益的防御模式。直接将鞑靼部众阻挡于榆林境外的边墙防御模式，才最符合其政治利益。

事实上，成化初年，王复鉴于营堡防御体系之间存在漏洞，已开始提出在营堡周边筑墙挖壕的弥补方案。不过在这一规划中，墙壕规模较小，不能从根本上弥补营堡防御体系的不

足，达不到御敌于国门之外的效果。

在成化时期“搜套”长期无果、营堡防御存在明显漏洞的军事背景下，成化六年（1470）三月，延绥镇巡抚王锐，首次提出在榆林边界地区修筑“边墙”，作为榆林与河套蒙古之间的政治边界。具体方案是在营堡空隙之地，于营堡所辖墩台之外修筑，“址广一丈，杀其上为七尺，上为垛口五尺，共高丈八尺。上积礧石，于墩下各筑小堡，可容官军护守”。这一方案是榆林“大边长城”的最早设计。

王锐修筑边墙，并不是将之孤零零地设于明蒙边境之上，而是将之与营堡结合起来，形成严密的长城防御体系。因此，王锐提出修筑边墙的同时，还建议在“居民所聚之处”，修筑民堡，称为“砦堡”，与军堡结合起来，进一步贯彻坚壁清野的战术。不仅如此，王锐还提出在砦堡修筑之后，将榆林周边平坦地带利用起来，进行军屯、军牧，从而缓解粮草完全由内地供应的问题。可见，在王锐的长城规划中，将军事防御、民众保护、经济保障综合一起考虑。

对于这一方案，宪宗表示了赞同。但这一计划并未实行，原因是兵部鉴于自己主持的“搜套”正在进行，不愿其他方案中途扰乱。

两三个月后，鉴于“搜套”行动导致陕西财政危机与社会动荡，陕西巡抚马文升明确表达了反对立场，指出“搜套”效

果很差，应采取防御方式解决河套蒙古问题。

与延绥镇巡抚较为关注榆林边境防务不同，马文升作为陕西巡抚，更为关注榆林纵深防御体系，防止蒙古势力进入陕西腹里。成化七年（1471）四月，他发展了王复提出的构建榆林西南部纵深防御体系的观念，主张在这一地区增筑墩台，认为应在白于山地区，利用当地地形与北宋设施，构建包括墙垣、城堡、墩台在内的榆林内地长城防御体系。但他的这一建议，一样未能实施。三个月后，余子俊在马文升之后，再次上奏，请求修筑“二边长城”。余子俊为避免与“搜套”方案相冲突，甚至更退一步，主张用民众修筑长城，并将工期缩短。

但对于西北巡抚的边墙主张，兵部一直拒绝，并鉴于延绥镇巡抚、陕西镇巡抚连番提出这一议案，感受到当地文官群体背后可能有共同的推动力，为避免他们再次上疏，从而统一给予解释，指出王锐所倡“大边长城”修筑方案，由于“延绥境土，夷旷川空，居多浮沙，筑垣恐非久计”，不便修筑；马文升、余子俊主张的“凿山设险”，劳役民众，应当在“搜套”成功之后，以榆林正规军队，并由当地民兵协助修筑完成。对于兵部的立场，宪宗仍表示了尊重，“设险守边，兴工动众，当审度民力。姑缓之”。于是榆林边墙方案再次搁浅。

但次年，即成化八年（1472），余子俊再次执着地提交“二边长城”修筑提案。这次，他首先攻击兵部主持的“搜套”

行动劳而无功，认为不如早谋退路，将“搜套”军队调回，修筑“二边长城”。在政治舆论普遍反对“搜套”行动的压力下，宪宗派遣吏部右侍郎叶盛前往西北，考察西北边防现状。叶盛出身兵科给事中，好谈兵事。吏部又为六部之首、百官之长，地位异于其他机构，叶盛既奉命巡视河套，遂有中立而处、调解诸方的政治意味。白圭觉察到宪宗对于“搜套”态度有了变化，故在叶盛回朝之前，主张立即开展“搜套”。但宪宗却并未接受。

与此同时，包括镇守少监张遐、总兵官许宁、巡抚余子俊在内的延绥镇官员鉴于宪宗态度出现变化，开始明确联合起来，请求暂停“搜套”，将军队调回。值得注意的是，“搜套”官员王越也加入了进来，向宪宗奏：“士卒衣装尽坏，马死过半。请如前罢遣休息，令治装听调。”王越之所以如此，在于“搜套”长期无果，“搜套”官员压力巨大。虽然兵部仍极力反对，但宪宗同意了西北官员的意见。

叶盛到达榆林之后，认识到明军在现有战斗力、后勤补给状况下，首先应该加强防御，从而与“搜套”官员代表王越、延绥镇代表余子俊联合上奏，一致主张借助陕西、山西民力，修筑“二边长城”。在此基础上，叶盛认为“搜套”行动应改变之前持重缓行的方式，避免再次落入空费粮饷、无法见敌的战术陷阱，改为迂回、快速的模式，或者直接袭击其大本营；

或者趁其回归后，加以追击。次年王越取得红盐池大捷、韦州大捷，正是实践了叶盛提出的两种方案。

对于这次更大规模的边墙动议，白圭仍持反对态度，主张“搜套”成功之后，才能修筑边墙。

当月，继联名请求修筑边墙之后，叶盛与“搜套”官员王越再次联名上奏，以河套地理旷远为由，请求停止“搜套”，将“搜套”兵力分驻于榆林各营堡。九月，余子俊也再次请修边墙。“今山陕之间，旱雹所伤，秋成甚薄”，“财力困穷，人思逃窜”，请求尽速“铲削边山”。

对此，白圭仍表示反对，他的意见是如果鞑靼能够出套入贡，便可以考虑是否修筑边墙。但宪宗对于西北危机，已急不可耐了，表示不管鞑靼是否出套入贡，明军是否仍需“搜套”，都必须尽快展开边墙修筑事宜。

令白圭意想不到的是，“搜套”总兵官赵辅在巨大压力之下，也转向边墙方案，并综合了“大边长城”、“二边长城”两种思路，主张宁夏在河套南缘平坦地带修筑“大边长城”，而榆林在白于山修筑“二边长城”。对于赵辅的立场变化，白圭十分恼怒，认为他“首鼠两端，自揣事势不支，欲推避之计”，而赵辅也指出：“大军所至，刍粮缺供。况山陕荒旱，众庶流移。边地早寒，冻馁死亡相继。彼督饷者恐缺食，典兵者惟欲足兵，民事艰危，所不暇恤。”白圭在巨大的政治舆论压力下，

鉴于宪宗已经认可修墙方案，遂只能在表面上同意“铲山筑墙及修铁角等城，众议既协，宜令及时兴举”，不过仍坚持“搜套”方案，并以刘聚取代赵辅。

在宪宗的旨意下，余子俊征发五万民众，铲削山体、构筑二边。但由于旱灾的缘故，余子俊修筑边墙，曾一度中断。成化九年（1473），“搜套”总兵官刘聚也转向修筑边墙方案，请求命余子俊继续修筑。此时，王越最终取得了“搜套”行动的胜利，白圭以母丧回乡，左侍郎李震代掌兵部，最终同意了修筑边墙方案。成化十年（1474），余子俊最终修筑了“大边长城”、“二边长城”，构建了完整的榆林长城防御体系。

第二节　榆林长城的多道边墙

成化十年（1474），余子俊修成的边墙，不仅包括他之前一直主张的“二边长城”，还包括王复、王锐倡导的“大边长城”，实现了成化时期明朝关于榆林长城的完整构想。关于“大边长城”是否为余子俊所修，学界曾存在争议，但从他在上呈宪宗的奏疏中称“界石迤北直抵新修边墙”来看，他无疑修筑了“大边长城”。因为界石位于白于山，而“二边长城”沿白于山修筑，故而界石以北只能是“大边长城”。而从成化十一年（1475），余子俊颁布的榆林长城防御条例，后汇集成书的《余肃敏公经略公牍》来看，榆林边界地区诸营堡都有控制的边墙段落，更可证实余子俊已修筑了“大边长城”。

“大边长城”位于河套南缘，东起清水营紫城砦（今府谷县墙头乡尧峁村北），与黄河相接；西至宁夏镇花马池界碑，共长 1770 里 123 步，完全封住了鞑靼从河套南下的道路，是延绥镇与河套蒙古之间的“边界之墙”，修筑方式是“筑垣掘

堑”，即修筑墙体、挖掘壕沟。“二边长城”沿白于山脉、横山山脉分布，修筑方式是依托山体，“堑山湮谷”。“堑山”即铲削山体，“湮谷”即堵塞山谷，将平缓的山体铲削陡峻，低矮或缺口处垒高，从而依托山脉的自然走势，连成一道蜿蜒起伏的墙体。明人又将之称为“夹道”。“二边长城”并非“边界之墙”，而是延绥镇抵御河套蒙古的第二道防线，防止河套蒙古穿过白于山脉、横山山脉，进一步进入延安地区，性质是“边防之墙”。

可见，榆林边墙防御体系不仅直接御敌于国门之外，具有前沿防御体系的优点，而且依托陕北地形特征，突破了“单一式”边墙模式，形成了边界、防御相互结合的内外“复合式”边墙；不仅弥补了榆林北部平原地理缺陷，而且结合了榆林南部山脉优势，在延续边墙阻隔功能的基础上，进一步增加边墙防御功能。两道墙体在各自发挥功能之外，还形成了一个封闭空间，造成对突破“大边长城”的蒙古部众的包围之势。由此可见，榆林边墙并不局限于战略阻隔功能，还有明显的战术包夹功能，是明军扬己之长、克敌之短的一种军事设计。由于效果明显，“复合式”边墙理念不断推广至整个九边长城军镇地带，大量“内长城”应运而生，成为与“外长城”彼此呼应、包夹蒙古的军事设施。

榆林边墙防御体系不仅在整体上具备战术包夹功能，而

且余子俊将两道边墙又具体划分为独立作战的战术单元。这包括两个方面：一，两道边墙每隔二三里，便修筑对角敌台或崖砦，共 819 座，实行流动巡逻，这样边墙便从一道“死”的墙体，生出大量“活”的防御单元。他的这一防御设计在正德时期被延绥镇巡抚文贵继承，发明了“砖木空墩”。隆庆时期，蓟州镇总兵官戚继光进一步将之改造成“空心敌台”，从而将长城防御功能推至顶峰。二，余子俊借鉴了中国古代的布阵之道，在两道边墙之间险要但未设置营堡、墩台、崖砦的地方，通过修筑小型边墙，横一斜二，呈簸箕状，将缺口朝向蒙古方向，设置小型包围圈，将蒙古势力吸引至此后，明军可以依托墙体，瞭望敌人、掩护自己，并适时主动出击。这样，榆林边墙防御体系便不再是一个单纯的大包围圈，而是大的包围圈里套着许多小的包围圈，相当于在榆林地区修建了大量死胡同，使鞑靼骑兵进来容易出去难。

余子俊修筑边墙，并不是将之与已有营堡防御体系脱离开来，而是将它们共同结合为长城防御体系。在修筑两道边墙的同时，正如上文所述，余子俊不仅迁移、修筑城堡，还在大边长城沿线营堡周边，增筑墩台 93 座，不断派兵流动巡逻，以弥补大边营堡自身保障的不足。通过将边墙前沿防御体系、营堡纵深防御体系相结合，余子俊不仅弥补了营堡之间的横向漏洞，而且弥补了边墙缺乏纵深防御的缺陷，从而构建起立体长

城防御体系。

榆林长城防御体系加强了明朝在陕北地区的防御，不仅保障了之前经常遭受冲击的军屯经济，每年收获粮食6万余石，减轻了西北内地的财政负担，而且由于隔绝了内地汉人进入河套，充作蒙古人向导，使蒙古人无法掌握榆林经济、人口、道路分布信息，因此大大减少了对榆林地区的进攻。

榆林长城防御体系构建完成之后，很快便显示出其功用。七年之后，蒙古势力拆墙进入长城以内后，明军将缺口填上，蒙古部众回归遇到了很大困难。此后，明朝不断修复、增筑榆林长城防御体系，尤其值得注意的是在延绥镇西部，从定边营向南，还修成了一道南北向的西墙，北起大边，南至白于山，不仅阻隔河套蒙古势力由榆林向西南深入的通道，而且进一步使延绥镇成为三面有墙、一面有河的全封闭防御空间，进一步加强了榆林长城防御体系的立体性。

与镇城、营堡、城寨、墩台相比，边墙由于多处于荒凉少人之地，受到的人为冲击相对少些，保存相对较好，所受到的人为冲击主要是修筑道路、开采矿产、农田开垦等，所受的自然冲击主要是风雨冲刷、沙化侵蚀等。

走马梁长城鲜明地反映了长城遭受沙漠侵蚀的状况。走马梁长城属“大边长城”，位于榆阳区董家湾乡，周边地区已严重沙化，形成流动沙丘，风吹沙扬，漫天黄尘。由于长期遭受

走马梁长城（2009 年摄）

风沙侵蚀的原因，走马梁墙体日渐低矮而削薄，但轨迹仍较清晰，一个个墩台横跨墙上，蜿蜒而去。

白圭反对修筑大边长城，主要依据是毛乌素沙地土质松软，浮沙易倾。为验证是否如此，我检验了走马梁长城一座墩台，发觉十分坚固。正如上文所述，在考察的不同地区，墩台坚固程度都有不同，这视当地土质而异，不可一概而论。

登上墩台，向北眺望，土地一马平川，十分开阔，农田遍布。清朝入关之后，通过维持不同族群之间的势力平衡，达到统治稳定的政治目的。为此，尽管明长城已不再是军事壁垒，

但清朝仍将之作为汉蒙边界线，禁止汉人越界进入蒙地，进行农垦。但在人口的压力下，内地民众不断北上。其中，陕北民众不断越过榆林长城，进入河套地区，私自开垦农田，被称作“伙盘地”。清末陕、蒙划界，陕西省提出将“伙盘地”划入本省，从而突破长城界限，榆林长城不再是陕、蒙的边界。

榆林长城建立初衷之一虽是阻隔中原与蒙古的往来，但事实上榆林长城自建立之日起，便逐渐成为双方走私贸易之地。在“俺答封贡”后，即使长城周边贸易被官方化、合法化，走私贸易也依旧存在。汉蒙双方在经济交流的同时，文化习俗也不断渗透，长城周边的信仰场所逐渐成为汉蒙共同尊崇的对象。在长城地区，一方面是政权之间的政治对立、军事战争，另一方面却是民间的经济交流、文化传播。这种二元背离现象，反映出长城在作为政权边界的同时，也一直是两边民众共存的纽带。长城既是隔离带，又是联系带，正是在这种复杂张力中，不断形塑着中国的北方社会。

与榆林东部的长城低矮的现状相比，榆林西部的长城则要高大、雄伟一些。砖井堡北侧大边长城明显比走马梁长城高大，定边营、旧安边营北侧大边长城更为雄伟。定边营大边长城横亘于草滩之中，虽局部被毁，不过大体仍连成一线，部分墩台在草滩之中巍然屹立。“西部长城”虽然没有“东部长城”那样巍峨壮观，但巨大墙体在一马平川的平原上，宛如一条巨

龙，蔓延而去，直至天际，与大西部的广阔与苍凉融为一体。那种冲击与震撼，甚至比“东部长城”更为强烈。

盐场堡长城目前破坏也很严重，最常见的是由于道路建设或老乡居住、出入，长城被多处斩断或挖洞。另外自然倾塌现象在部分地段也较严重。长城经常被形容为“苍龙”，但榆林长城许多段落侵蚀、坍塌、斩断严重，让人感觉已没有雄伟苍凉，只有可怜痛心。

盐场堡北长城段有一排窑洞，是王震在抗日战争期间率三五九旅在盐场堡打盐时所挖，用作士兵宿舍，目前是定边县重点文物保护单位。作为革命旧址应该加以保护，但将破坏长城的窑洞单独保护，却放任长城遭受随意的破坏，不得不令人感慨与思索。

看完长城上的窑洞，打车回定边县，司机师傅的一席话对我触动很大。当我说这里的长城保护较好时，他说：“这不是保护的好，而是破坏的少，根本就没有保护。近年定边的长城，风化得很厉害，明显比以前矮小得多了。”

值得注意的是，榆林东部山区大边长城，由于沟壑纵横，不仅修筑边墙较为困难，而且地形险峻，即使不修边墙，也不易遭到大股蒙古部众的突破，因此似乎主要采取修筑墩台的方式，较少修筑边墙。比如红柳河南岸墩台便连续、密集地分布在靠近河谷的山峰之上，构成控制河谷的墩台群落，而边墙却

三五九旅所挖窑洞（2009 年摄）

甚少看到。

在榆林南部考察营堡时，经常可以看到连绵起伏的山脉之上，有人工铲削、夯筑的墙体，这便是“二边长城”了。与“大边长城”相比，“二边长城”由于处于山巅，更易受到风雨的侵蚀与冲刷，所以破坏更为严重，所存甚少。但仅存的少量墙体，仍十分巍峨与雄伟，矗立于群山之间。

定边营有两条走向不同的长城，一条是东西向的“大边长城”，另一条位于定边营西侧，北接“大边长城”，一直向南深入白于山区，姑且称之为“西道长城”。

俯窥芦河的威武堡北二边长城墩台（2009年摄）

目前定边境内“西道长城”以定边县城为界，大体可分为北段长城与南段长城，都仅存夯土。北段长城由于通路的缘故，多处被斩断，部分地段随着风雨侵蚀，也较低矮，不过整体来看，尚较雄壮。共有墩台十座，挖有地洞，用于士兵攀登。最南墩台拆毁的痕迹十分明显，台座尚存少量砖，地下散布碎砖。距此不远处正在修建一座房屋，在工地上竟有一完整灰色明砖，想来便是拆除“西道长城”所得。最北的敌台被用作墓地，睹之令人十分不适。此座敌台南侧长城有一洞，为土所掩盖，不知是明时如此，还是今人所挖。“西道长城”北段下小路都是沙路，但长城却皆甚牢固。不知是否是明朝修筑这段长城时，当地尚是淤土土质，只是后来这一地区沙化严重，土质逐渐演为沙土。

长城内侧尚有一规模较大的庙宇群落。行至山门，门额上书“长云山”。庙内空地有一神龛，上供奉“守关神将之灵位”，这是边塞文化的一种反映。不过其背后却是一尊观音像。虽然北方流行道教真武神灵系统，但佛教势力也占据着一席之

地。庙内尚有僧人诵经。

南段长城（因位于贺圈镇内，也可称为“贺圈长城”）虽然倾圮严重，宛如山梁匍匐于地，不过由于地势平坦，仍可以很容易地将其与自然地貌相区别。南段长城尚存高大的郑大墩，在郑大墩，有一条东西分布的长城，这条长城与旧安边营

定边北西道长城（2010 年摄）

定边北西道长城墩台（2010 年摄）

定边南西道长城（2010 年摄）

五里墩长城走向明显有异。可见，榆林地区现存多道不同走向的墙体，是余子俊设计多道墙体的遗物印证。

郑大墩西侧长城被公路斩断，西侧本也应有墩台，只是已被铲削如墙体，下挖有地洞。

继续向南，长城在绿色的田野中蜿蜒而去，虽偶有中断，但大体保存完整。尤以贺圈镇何梁村以北长城较为雄伟，坐落于白于山山脊之上，部分地段墙体甚宽。有大型方形墩台八座，圆形墩台一座。东侧自砖窑处向南，为沟涧地带。砖窑规模较大，目前挖土已至长城脚下。最北端一处墩台有洞口，被

砖场南墩台（2010 年摄）

砖头掩盖，无法进入。

这段长城虽较高大，但土质疏松，站在其上，土“哗哗”流下。一处墩台呈圆形，里面砖砌而成，应为烽火台。

在南段长城发现了长城编号碑，应是原来文物工作者所编。山坡处有两匹马正在吃草，后面便是高高的墩台。长城外侧是开阔而神秘的山原。长城下面有多所窑洞，可能明代士兵便居住于这些窑洞之中。窑洞之中仍有遗弃的石磨。墩台、窑洞之间，是一处水井。虽然窑洞、石磨、水井，都一时无法追寻其形成年代，但明代驻守于此的士兵，显然便是在这种场景中生活。由于没有其他现代的痕迹，颇有一种历史穿越的感觉。历史研究只有“移情”古人，才能真正体悟。读书冥思，穿越时间，回到古代的情境中去，自然是一种方法。另一种方法便是到研究的场景中去，踩着古人曾踩过的土地，望着古人曾望着的那一朵云彩，在微风轻送中，呼吸着地理空间永恒不变的气息。

继续向南，在白湾子镇，沿路已不见边墙，只见一座座墩台仍矗立在山巅之上，沿着山脉走向，伸向远方。

第三节　成化以后榆林城堡的不断增筑

成化十年（1474）修筑大边、二边之后，明朝又为完善榆林长城防御体系，陆续修筑了九个城堡。

成化十一年（1475）时，永兴堡已见于记载，由余子俊修筑而成，属“依险型”城堡。永兴堡周长1里，有边墩3座：高庙儿墩、双乃山墩、杏树昂墩。控制大边边墙27里165步，崖砦15座，川面水口26座，属小规模城堡。明中后期，永兴堡不断扩建，周长2里25步，有楼铺8座，墩台39座。据（万历）《延绥镇志》图示，永兴堡为椭圆形。永兴堡位于今神木县永兴乡堡子村。今堡内仅存部分城墙与南门，其他建筑都已拆毁。

盐场堡，又称“盐阳堡”、“盐池堡”，由余子俊筑于成化十三年（1477），归定边营管辖，是延绥镇最为西北的城堡，与宁夏镇接壤，以西便是著名的花马池。盐场堡与定边营一样，属设于边界平原地带的“扼要型”城堡。之所以要设置此

堡，同宁塞营一样，是为保护本地的盐业资源。

明中后期，盐场堡不断扩建，周长2里3分，楼铺9座。弘治四年（1491），巡抚刘忠增修。万历三年（1575），加高3丈5尺，属中等规模城堡。据（万历）《延绥镇志》图示，盐场堡为长方形。

盐场堡位于今定边县原盐场堡乡政府所在地。由于曾是乡政府所在地，因此毁坏严重。从北面公路遥望盐场堡，首先映入眼帘的，是一片片淡黄色的盐池，被划成一个个小方块，雪白色的盐堆，堆成了高低不一的盐山。一下子看到盐的原始面貌，而且场面如此宏大，真是让我惊呆了。盐场南侧，是一座灰色的小村落，这便是盐场堡了。

盐场堡随着乡政府的搬迁，已经成为一座荒废的村落，房屋大都破败不堪甚至倒塌，很少见到人。盐场堡目前仅存北、东两边部分夯土城墙，北墙虽有两段仍较高大，但被不断挖掘，充作地基。东墙已甚低矮，被居民作为院墙。东墙中尚可见青砖。城墙周围有大量废弃的青砖。盐场堡诸门，仅存东门，内侧也被依托盖成了房屋。

堡内尚有部分盐场与制盐工厂。制盐工厂南有一户人家，问这户人家的老太太，她说这个村落叫盐场堡，这座土墙很早就有了，至于其他的便不说了。除了尚存几户人家之外，盐场堡基本是一幅荒凉景象。堡南为沙化田地。感觉盐场堡类似于

盐场堡北盐场（2009 年摄）

盐场堡北墙（2009 年摄）

卡夫卡笔下破落的城堡。虽然乡政府已搬迁，但对于故城的破坏已无法挽回，盐场堡仅残存一点点可怜的痕迹了。

从盐场堡出来，向北面盐场走去。原计划从东侧草地回到公路，继续考察河东长城，但为图捷径，也为近距离地接触盐的生产，改从盐场间小路直接向北。结果出乎意料，看似坚硬的土地却十分稀软，一次次陷入泥潭。凡是小路，稍一用力，便深陷进去，加之天色已晚，周遭空旷无人，风在盐场肆无忌惮地刮着，使我产生了十分恐惧的感觉，一下就想起所谓红军过草地的情况。多次失败后，老实起来，向东面草原走去，才发现有一条从盐场堡向北去的道路。也正是在这里，遥遥看见了三五九旅挖的窑洞。

盐场以北就是上文所述的大边长城，高耸而宽厚，延伸在一望无际的平原之上，看不到终点。站在盐场堡长城之上，向两边眺望，北面是一马平川的平原，南边为一片片白色的盐

场。盐场堡保护盐业资源的功用，一目了然。

饶阳水堡，又称“饶阳水头”，位于三山堡东南、石涝池堡西南，也建于成化十三年（1477）。饶阳水堡属“依险型”城堡，但面临水质较咸的问题。万历时期，饶阳水堡周长2里30步，楼铺8座，属中等规模城堡。入清后，饶阳水堡也裁归定边营。饶阳水堡位于今定边县姬塬镇辽阳村。城垣受到严重侵蚀，城内已成为废墟。

余子俊离任之后，后来的延绥镇巡抚仍有弥补漏洞、增筑城堡之举。木瓜园堡建于成化十六年（1480），属“依险型”城堡，木瓜川流过城堡。万历时期，木瓜园堡周长3里56步，有楼铺17座，墩台32座，属较大规模堡。

木瓜园堡位于今府谷县木瓜镇镇政府所在地。之所以有此名，在于该堡西北宽，东南合并为一角，西墙呈两个弧形，北墙、东墙合并为一弯线，形状似一侧放的木瓜。（万历）《延绥镇志》将木瓜园堡绘为一边凹凸的正方形，显然并不准确。木瓜园堡为控制木瓜川而建。

据当地人讲，在清水、黄甫川、孤山、木瓜园诸营堡中，木瓜园堡规模最大。事实上，在这四个堡中，应属木瓜园堡为小。木瓜园堡四墙皆存，沿耸立的山体自然分布，墙体本身已经高大，加之山体高耸，显得十分巍峨雄壮，屹立于木瓜川北岸，俯视河谷地带。而木瓜园堡南尚存一座墩台，东南也存一

座墩台。木瓜川东南山上，还有两座墩台，其中一座叫圣母墩。圣母墩夯土倒塌之后，于2004年被重新包砖。碑记的字里行间，体现了当地民众继承传统文化、发展旅游业的意识。

木瓜园堡四墙之中，北墙、东墙沿山形弯曲成一体，北墙较短，目前遗址基本是铲削山体而成，内侧还可看出铲削痕迹，外侧已经坡漫成山形。东、西两道墙体较长，东墙最长。南端由于靠近居民区，部分地段坍塌、挖凿。南墙东段较为完整，西段大部残缺。从内部来看，木瓜园堡墙并不高大，但由于木瓜园堡是依山而建，四周峡谷深峻，故而从外部看，堡墙仍很雄伟。墙体之外，木瓜园堡尚存西北角楼。西北角楼保持着完整的夯土，黑色苔藓、绿色小草爬满墙面，要不是看到它有规则的形状，实在难以与山体区分开来。木瓜园堡墙同样采取就地取材的方式，四面墙体都是夯筑，其中东墙北段墙体采取石头垒筑或土石混筑。木瓜园堡泥筑土墙非常脆弱，是目前考察为止所见土质最差的，沙的含量很大，攀登堡墙时，墙体“哗哗”脱落。

随着居民都已迁至山下，原来是木瓜园堡核心部分的山顶，已完全荒芜了，堡内部分地带被辟为农田，种植了向日葵、玉米与荞麦，大片地方凌乱地生长着杂草与灌木。中心高台地块满是散落的瓦砾，应是木瓜园堡最初核心建筑所在。在这块高地之上，有两座新建的庙宇。

木瓜园堡（2010 年摄）

木瓜川（2010 年摄）

木瓜园堡西北角楼（2010 年摄）

木瓜园堡东墙（2010 年摄）

木瓜园堡毁坏的时间较早，在解放战争时期便深受战火的影响，新中国成立后又不断拆除，四个城门都被拆毁。现有多所房屋皆是拆堡砖而建。其中一座尤其明显，墙泥尚新，上半部分是现代所烧灰砖，下半部分却是用宽大古砖。即使如此，木瓜园堡仍保留了不少古建筑。堡内中心处偏东北还存一完整的小型城楼。

木瓜镇并没有煤炭、石油等能源，因此生活并不富裕。为了致富，当地开始发掘丰富的历史文化资源。木瓜园堡原来宗

教建筑甚多，大多在新中国成立后被拆毁，但为恢复地方文化、发展当地旅游，木瓜镇大力修复、重建了众多宗教建筑，使当地拥有浓厚的传统文化氛围。

考察时，为方便登山，我都是一路背着包。来到木瓜园时，一下子被一堆小孩围在一起，他们急切地问我，我一时也听不懂，后来才知道，他们把我当成了小贩，问我是卖什么的。考察完木瓜园堡，晚上便住在了这里，没有宾馆，只有旅社，一个白底黑字的牌子，挂在墙上。吃饭、买东西，我都得踩在颤悠悠的木板上，跨过中间挖开的大沟。住的地方是个小二楼，没有门闩，让我心里一直很不安。电灯开关是一根绳子，下面绑了一块砖头。这是我住过的所有旅店中条件最简陋的一个。上一次在清水营，旅店没有桌椅，只能以床为桌，从走廊里捡了一个白酒盒子，坐上去非常结实，然后写考察日记。这一次比那次更为艰苦。

第二天早上，天刚蒙蒙亮，我便爬上南山，拍摄木瓜园的全景。看着沐浴在晨曦中的木瓜园堡，我昨夜住的小旅店，算是这里最高的建筑之一了。拍照时，仿佛自己仍住在里面，我也成了历史的一部分。

木瓜园堡虽然靠近木瓜川，但由于地势较高，饮水不易，因此当地也有引水工程。

大栢油堡，又作“大柏油堡”，是明朝为控制大栢油川，

于弘治初年建成。大栢油堡属“依险型”城堡。万历时期，大栢油堡周长1里68步，有楼铺12座，墩台16座。（康熙）《延绥镇志》所载规模扩大，周长2里92步。据（万历）《延绥镇志》图示，大栢油堡为长方形。大栢油堡位于今神木县解家堡大柏油堡村。杨和春主编《神木县志》载大栢油堡道光时已圮，今尚存庙宇一座，与大栢油堡遗址一起成为神木县文物保护单位。

至迟在嘉靖二十一年（1542），镇川堡已经建立，是延绥镇最南的一处营堡。之所以建立这一城堡，是为防止鞑靼沿无定河，进入米脂县。镇川堡位于今榆阳区镇川镇镇政府所在地，与米脂县接壤，地处榆溪河河谷平川，地势开阔，“城设在平川，系腹里上地”。为加强自身保障，镇川堡在北侧修筑了一道墙体，横向阻隔鞑靼南下。又将堡的东侧之山，加以铲削，并修筑了墩台，用于瞭望。镇川堡规模较小，周长1里3分。

由于处于镇川镇镇政府所在地，当前镇川堡主体建筑已荡然无存，堡内有多处新修庙宇，比如村沟寺、青龙祠、三神宫殿等。镇川堡仅存东北山上一座墩台、西北山上一座墩台。东北一处甚为壮观，利用山体铲削而成。从一条蜿蜒、葱郁的山路，向上攀爬，便可达东北墩台之上。而西北墩台位于榆溪河西，与东北墩台遥相呼应。东山原来是镇川堡居民辐辏之地，有不少建筑坚实、工艺精巧的民居，现都已废弃。山间窑洞坍

塌，石磨废置，到处一片荒凉景象。

镇川镇旧区南、北大街尚存古建筑、古胡同多处，保留了镇川堡旧有的部分格局，但却未得到保护，与现代牌匾混在一起，杂乱不堪。镇川堡在解放战争时期，曾经是中共榆林县委所在地，借用的房屋是清代进士之家。

嘉靖四十五年（1566），明朝在榆林西北设置保宁堡，也属处于内地的“扼要型”城堡。修筑此堡是为了保护当地的农田，“堡多水泽之区，为镇城夹道耕牧地”，因此防御颇为困难。万历时期，保宁堡周长2里140步，楼铺7座。万历六年（1578）重修，帮筑高厚。万历九年（1581），参将臧士贤增东关，有墩台35座，后来墩台又增加1座。据（万历）《延绥镇志》图示，保宁堡为长方形。保宁堡位于今榆阳区芹河乡保宁堡村。据《榆林市志》记载：西、北、东堡垣被流沙埋压至顶；南垣少部被沙埋压，城砖尽被拆除。残垣尚存，戍楼夯土墩台

榆溪河镇川堡段（2009年摄）

镇川堡东北墩台（2009年摄）

共 7 座，内建祖师殿、关公殿、三官殿等明清庙建共 40 余处。

镇虏堡，建于万历二十八年（1600），是明朝依托芦河，在镇靖堡、靖边营之间所建，是延绥镇最后建立的城堡。虽然堡城建于平原，但“墩台俱有天沟险固”，西依芦河，东邻群山，为防御要地。入清以后，改名镇罗堡。镇虏堡规模最小，周长 307 步，高 1 丈 9 尺，有东、西、南三门，边垣长 30 里，有墩台 11 座。镇虏堡位于今靖边县南杨米涧乡镇罗堡村西。据《靖边县志》载：嘉庆十四年（1809），大水冲塌南城门楼座，波及城身一段，后有所修复。同治六年（1867），镇虏堡在西北动乱中被毁坏，变为荒城。现遗址尚存，西南角被水冲塌，东城墙由于洪水泥沙淤积，几乎与地面平，城内全变为农田。

（康熙）《延绥镇志》记载成化中期，于响水堡南置新添堡，但当前所见史料皆未记载这一城堡，姑且存疑。

总之，明朝在延绥镇共修筑了 55 座营堡。

第四节　明末农民战争的爆发

正如上文所述，榆林长城防御体系由边墙、镇城、营堡、城寨、墩台等军事设施共同组成，因此，榆林长城不仅包括大边、二边地区，而且还包括设置墩台的腹里地区。具体而言，榆林长城地带不仅包括今榆林北六县，榆阳区、府谷县、神木县、横山县、靖边县、定边县，还包括榆林南六县，佳县、米脂县、子洲县、绥德县、吴堡县、清涧县，甚至还包括延安市所辖各县。

与榆林北部相比，榆林南部、延安地区虽然在军事设置上，密度与规格大为降低，但同样修筑了大量城寨、墩台，也同样承担了军事防御、信息传递职责。“五里一墩，十里一台”的说法，在榆林南部、延安地区广为流行。考察途中也可经常看到在山岭之间，不时出现高峻墩台与城寨遗址。比如在榆林至米脂的榆溪河旁的山脉上，不断出现墩台。米脂县李自成行宫东边的山上，也仍保存有四座墩台。

李自成行宫东山墩台（2009 年摄）

明朝在榆林南部、延安地区的战略重地，依托连绵山脉，都修筑了规模较大、气势宏伟的城池，这也属于榆林长城防御体系的一部分。比如葭州（今榆林佳县）依山面河，建立在黄河西岸陡峭山崖之上，下临广阔湍急的黄河河谷，与山西临县隔河相望，是控制鞑靼沿黄河进入陕北内地的军事要冲，明朝采挖附近山石，修成坚固的砖石城墙，葭州因此有“铁葭州”之称。虽然经历了新中国成立后的拆城运动，葭州城墙被大量拆毁，但东、西、北三侧城墙仍保存较多，目前当地政府正进行了一定的修复。站在黄河南岸，遥望“铁葭州”城墙盘旋于

“铁葭州”城墙（1）（2016 年摄）

“铁葭州”城墙（2）（2016 年摄）

“铁葭州”城墙（3）（2016 年摄）

黄河西岸峭壁之上，真有荡气回肠的感觉。

不仅如此，在军事设施之外，正如上文所述，榆林民间还修筑了大量民堡，保障民众及其财产。榆林北部人口主要是士兵及其家属，与之不同，南部民众人口较多，相应修筑了更多的民堡。民众在借助民堡自保之外，也仿照军队，进行一

定的军事训练，成为一定的“准士兵”，甚至部分人被不断选调为“土兵”，成为明中后期榆林军队的重要组成。成化二年（1466），卢祥便在延安的绥德、葭州，庆阳的宁州、环县选拔土兵，开明代九边长城土兵制度的先河。因此，榆林南部、延安地区社会也呈现一定“军事化”趋势。

明中后期榆林南部、延安地区的“军事化”现象，还表现在后勤供应上。由于榆林北部主要承担作战职责，因此种植农田、供应粮草等后勤工作，便主要由榆林南部、延安地区承担，这一地区因此设置了大量驿站。而当地大量民众被吸纳进入这一军队后勤系统，也属于榆林军事系统的一部分。这也是榆林南部、延安地区社会“军事化”的内涵之一。

正是由于经常遭遇战事、进行军事训练、负责后勤等任务，榆林南部、延安地区社会呈现被榆林北部军事系统吸附，逐渐出现“军事化”的社会趋势，整个社会的运作机制、文化风尚，都已深染军事色彩，“尚武”风气十分浓厚。当代陕北社会部分生活习俗，仍保留着一定的军事色彩。比如在各种庆典中，都有鼓乐队出场。与其他地区鼓乐队大都西化不同，榆林的鼓乐队仍然是清一色的壮汉，敲击着十分单调的鼓与钵，震耳欲聋，他们却沉浸其中。

但正如上文所述，榆林由于生态环境恶劣，农业经济非常脆弱，是整个九边长城地区最为穷困的一个军镇。成化二十二

年（1486），也就是榆林长城修筑十余年后，新的延绥镇巡抚黄绂莅任。他有一天外出，在河谷中，偶然看到一位士兵的妻子在饮马，由于非常穷困，只有“片布”遮掩下体。黄绂觉得非常惭愧，说：“我是这里的巡抚，健儿们贫困到这个样子，我还有什么脸面坐在堂上呢？”马上命令提前发放三个月的粮饷。士兵们听到这个消息，“军中人人感泣，愿出死力为黄都堂一战。寇闻风不敢至”。榆林士兵由于非常贫困，很多娶不上媳妇，黄绂命令毁掉榆林尼庵，将尼姑婚配于士兵。经过黄绂的一系列作为，榆林士兵的贫困状况得到了一定改善，在他离任的时候，士兵们带着老婆、孩子，夹道欢送，不忍其离去。

这里反映的还是榆林长城防御体系最初构建时的状况。同样在成化时期，陕西巡抚马文升也指出榆林财政状况若不改善，最终将会成为该地动乱之源。虽然榆林长城立体防御体系，是明中期在尝试营堡纵深防御、“搜套”攻势防御之后，最终权衡利弊，选择的主流方案，但由于长城防御体系毕竟无法主动彻底解决河套蒙古问题，因此河套蒙古一直威胁着陕北社会。伴随长城防御体系逐渐严密，士兵数额逐渐增加，后勤供应负担也逐渐加重，延绥镇财政危机相应也逐渐严重。（万历）《延绥镇志》便记载了万历时期延绥镇的财政危机：“今榆沙深水浅，耕无菑获，渔无钓饵，百不一产。障二千里之长

边，拥数十万之大众，费之不赀，如填溪壑，倍蓰他镇。”即使到了今天，榆林物价仍然很高，甚至比北京还要高，这与当地农产品产量较低，交通不便，运输不易都有关系。因此也可以推测在条件更为恶劣的明代，榆林经济条件之困难。

但就在这种严重的财政危机下，“延绥人又素忠朴，至死无怨言”，一次次迎击河套蒙古的进攻。榆林城之所以被称为“驼城”，除了东山形状之外，还是蒙古人对榆林军队坚韧素质的称赞。于是，明中后期延绥镇呈现了一种二元背离的现象：在严重的财政危机下，榆林军队保持了强大的战斗力，由于牺牲士兵甚多，以至于形成了每逢节日，榆林妇孺都要相哭门外，祭悼家人的习俗，这一风俗直到清代仍然存在，令人倍感凄惨。

包括榆林、延安在内整个陕北社会的“军事化”机制，使延绥镇拥有强大的战斗力的同时，也使其始终如处危卵之上。榆林北部的正规军队尚有一定的粮饷供应，得以保障生存，榆林南部、延安地区一定程度上被纳入军事系统但保持农民身份的普通民众，在遭受自然灾害冲击时，却难以得到粮饷的正常供应。因此，榆林南部、延安地区社会面对的崩溃风险，便远高于榆林北部。“兵民参半，以饷为命，家无担石，稍稍水旱辄肆攘，窃为隐忧焉。”

总之，明代榆林地区形成与庞大的军事人口、脆弱的经济

粟丛包围中的通秦寨北墩（2014年摄）

条件之间的张力与冲突，这种冲突与张力又由于这一地区处于生态环境恶劣、蒙古势力经常入侵的夹缝地带而进一步加剧，使其成为动荡不断，充满隐患的危机地带。

万历中期，丰臣秀吉实现了日本半岛的统一，从而发动了以朝鲜半岛为跳板，进攻中国的“壬辰倭乱”，明神宗举全国经济之力，征调长城地区、东部沿海精锐军队，进入朝鲜半岛，开始了“援朝抗倭”。战争历时七年，虽然最终取得了胜利，但明朝因此而出现财政危机、边疆空虚，为长城外围的女真崛起，提供了机会。

在这次战役中，榆林军队也奉调进入朝鲜半岛。但在战争结束之后，由于兵饷一直未曾发放，这支榆林军队在回归途中，哗变叛逃，成为明末陕北农民战争的滥觞。在财政危机之

米脂县柔远门（2007年摄）

下，明末加派军饷、裁减驿卒，对陕北社会造成的冲击最为剧烈。延绥镇正规军队尚有军饷可以暂时支撑，而大量准军事人口却面临前所未有的生存危机，于是铤而走险，一呼而天下应，成为灭亡明朝政权的主体力量。明末农民战争的主体与领导者，大都是榆林南部、延安地区被纳入军事系统的人群。比如李自成出身米脂县铺户，张献忠出身定边县南部士兵。明末农民战争队伍具有很强的军事组织性、战斗力，除大量边兵的加入外，明中后期陕北社会结构的"军事化"也是非常重要的原因。

耐人寻味的是，在明末农民战争中，明朝许多地方，甚至九边军镇，在农民军威势之下，纷纷不战而降。反而是农民战

米脂县李自成行宫前窑洞（2009 年摄）

争的起源地——榆林，成为抵抗李自成军队最为坚决的地方。在李自成起事后，米脂地方官员便刨挖李氏祖坟，挫骨扬灰。当李自成攻打榆林城时，榆林城正规军与这支以榆林士兵、“准士兵”、民众为主体与领导力量的军队，进行了极其惨烈的战争，直打到最后的巷战。

通过榆林明长城的例子，可以看出长城只是中国古代中原王朝解决北部边疆问题的一种无奈方案，这种方案在解决一定问题的同时，却无法彻底解决北部边疆问题，甚至往往因此而导致政权败亡。长城地带宛如火山口，平静的表面下，隐藏着历史的巨大能量，一旦达到临界点，便喷薄而出，直至改变整个历史进程。明朝便灭亡于长城边疆的女真入侵与农民战争。

结语　长城的意义、破坏与保护

长城是中国古代中原王朝在当时历史条件下，处理古代世界一直无法彻底解决的欧亚内陆族群军事威胁的一种方案。这种方案根植于当时的历史条件，既有历史合理性，又由于历史条件的限制，而存在相当多的局限性。笼统地评价长城有用，还是无用，都是一种反历史的做法，而应从当时具体历史情境出发，考察古人这样做的原因、作用、问题与启示，在此基础上，客观评析我们的文明进展到了何种程度，我们应该总结哪些经验教训，并沿着自己的路，如何朝前继续走下去。

在世界近代史开启之初，明朝在具备强大实力的情况下，由于政权性格呈现“内向”特征，不仅未追随中原王朝步伐，在西北陆疆恢复汉唐荣光，而且未能继承蒙元海外开拓脚步，对于海疆开拓也甚为漠视，反而在北部陆疆、东部沿海大规模构建长城防御体系。明代中国这一做法，虽用较为经济的方式，在一段时间内维持了内政与边防、财政和军事之间的平

衡，但从长期来看，不仅未能解决海陆边疆问题，在“南倭北虏”威胁之下，长期陷入财政危机与政权困境，最终灭亡于长城边疆的叛乱者——女真部族与陕北军民群体，而且为欧亚大陆其他文明的向东扩张，提供了历史空间，深刻影响了近世中国的历史命运，也深刻塑造了世界近代史的历史轨迹。“明长城时代”实为对明代中国历史内涵的准确概括。

在明代大规模修筑长城历史潮流中，榆林长城扮演了承上启下的关键角色与引领意义。而榆林长城修筑时间，大体与西方大航海时代发端的 15 世纪末 16 世纪初同时。榆林长城修筑之时，世界正风潮涌动，酝酿历史巨变。陕北的一片榆叶悄然落下，预示的不是一场秋雨的淅沥，而是山雨欲来的狂潮。

那么，身处今天的我们，该如何认识长城呢？

中国古代的长城形象，呈现了两条相悖的线索，一方面官方长期认可长城的军事防御功能，不断修筑长城，另一方面，

榆木岭长城（2010 年摄）

榆木岭长城墩台（2010 年摄）

中国古代普通民众甚至精英士人都参与创造的“孟姜女哭长城”故事，反映了普通民众乃至精英士人对于以长城为代表的军事征战与工程建设的批评。

近代时期，长城形象更经历了戏剧性转变，从“最反动、最保守的堡垒”（马克思语），无用而应当受到“诅咒”（鲁迅语），到抗战时期成为激励国人保家卫国的象征，“把我们的血肉，筑成我们新的长城”。

尽管民国时期关于长城的形象是复杂的，但国家对于长城的立场，仍是从文物角度加以保护。民国政府对长城毁坏地段也不断地进行修复。在神木二郎山上，有一处摩崖石刻，刻于1937年，题为《重修西山担桥前后边墙题名碑》，便可证明这一点。因此，长城虽长期遭受自然侵蚀、战争破坏，但直到20世纪前半期，历代长城皆有历史遗存，明长城大体保持着完整性。

新中国成立后，在“大跃进”、“四清”、“文化大革命”多次运动中，长城被有些人视为封建文化残余的象征，某些墙段被有组织、大规模、普遍性的拆毁，用于修筑粮仓、水渠、房屋，甚至是为了单纯的破坏，以建立所谓的“新社会”。因此，长城除了位于深山、沙漠等人迹罕至段，其他距离人群较近的地段，都遭到了大规模拆毁。当地居民对待城墙也存在一种矛盾态度。一方面，当地居民将城墙辟为自家的院墙，这一过程中自然对城墙有所破坏，比如挖洞、设门、开窗等；另一方面

他们又都指责破坏城墙的行为，说破坏城墙不是自己想这么做的，而是当时号召大家拆城墙，大家都这么做，如果不这么做会有一种社会压力，于是在逐利与恐惧中，他们都加入到了破坏城墙的队伍。其实每个地方的人，都对当地象征性的建筑充满了感情。

一些人认为举国上下的拆城运动，是为开展社会主义建设提供空间与资源。其实除极少数地区发展空间有限外，绝大多数地区在古城之外，都有足够的空间建设新城。虽然古城能够提供建筑材料，但拆迁成本很大，而且中间破坏甚多，能够真正利用起来的，只是其中的一小部分。大量古城拆毁之后，很快便成了废墟，周边堆满了裸露的夯土与破碎的砖瓦。

改革开放之后，虽然对长城的运动式大规模拆毁已经不再发生，但在经济先行的风气下，长城又面临着新形式的破坏。在修路、建厂中，长城大量被挖掘机铲毁，包砖甚至夯土被拿去作为建筑材料。可以说，在新世纪之前，长城遭受了史无前例的灭顶之灾。如果对比一下深山、沙漠地段的长城，可以发现，它们大多仍保存完整，最多被埋于沙丘之下，终有再见天日的时候，而距人群活动较近的地区，则大多岌岌可危，甚至很多都永远的消失了。因此可以看出，长城的破坏，主要是“人祸”，而不是“天灾”。

以榆林明长城为例。入清以后，榆林长城边疆防御的功

中兴楼被毁碑首（2016 年摄）

威武堡被毁碑首（2009 年摄）

黄甫川堡拆弃石雕（2010 年摄）

清水营内拆弃瓦当（2010 年摄）

镇羌堡东庙宇拆弃瓦当（2010 年摄）

能不复存在，不过仍在西北战事中发挥重要作用。抗日战争时期，日军并未抵达陕北，榆林明长城免遭战火之苦。不过在此后的解放战争以及新中国成立之后的多次运动中，榆林明长城都未能逃脱厄运，接连遭受严重冲击。榆林明长城包砖除榆林城及部分地段外，绝大部分被完全拆除，用于修建道路、水渠，或者被老乡拆去建房。残存夯土部分也未能幸免。改革开放以后，部分地区在进行交通建设时，未能充分考虑长城的历史文化价值，往往对形成"障碍"的长城墙体拦腰斩断。当地人也沿长城修建房屋，掏挖窑洞，致使坚固的长城墙体不断坍塌。

由于种种原因，我国对长城的保护工作开展得较晚。榆林作为老少边穷地区，很长时间以来，长城保护观念较为薄弱，保护资金更是匮乏得可怜。近年来随着石油、天然气、煤炭等自然资源的发现与开发，榆林经济发展迅速，但长城保护却远远落后于整体社会的发展。虽然榆林当地政府与民间团体开始将更多的力量投入到长城保护中来，但榆林明长城长期以来积累的破坏程度，以及当下经济发展对长城形成的新一轮冲击，都使目前的榆林明长城保护处于十分危急的关头。保护榆林明长城，刻不容缓。

当今长城不仅被全球公认为"世界新七大奇迹"之首，也被视为中国历史与文化的象征，乃至中国本身的象征。那么，

我们当前应该如何保护长城呢？在我看来，应对长城进行整体保护，这不仅指对长城物质文化遗产、非物质文化遗产进行全面保护与内涵挖掘，而且也强调动员全社会的力量，以多种形式共同保护。

首先，国家应肩负起保护长城的重任，解决目前长城保护中最为重要与关键的制度问题。目前长城保护所存在的问题虽多，但最根本的问题还是制度问题，也即国家在相当长一段时期内的长城保护中，其实处于“缺位”状态。由于长城文物的特殊性，国家虽然很早便展开对长城的保护，但基本都是责成地方自行保护。地方政府在处理经济建设与长城保护时，往往出现后者为前者让路的情况，长城保护的相关资金也一直未能及时到位。加之在《长城保护条例》出台之前，长城保护一直未有专项法律可以遵循，导致权力较小的文物管理部门，对长城破坏情况，往往只能听之任之，束手无策。2005 年，国家全面启动“长城保护工程”，开始对长城进行整体普查与保护。希望伴随这一工程的推进，相关保护工作能陆续跟进与切实履行。

其次，应充分调动长城周边基层组织与人民群众的力量，切实加强长城保护。在世人的心目中，长城地位非常崇高，但对于居住在长城边的人来说，长城不过是一个破败的“土台子”，可以作房子的半壁、院子的后墙、储藏食物的窑洞，甚至埋葬死人的坟墓。我在定边考察时，中间吃饭过程中，老板

娘问我来做什么，我说“考察长城”，她说：“我们这里没有长城，长城在北京。”我说：“你们这里就有长城，是一条长长的土长城。”她说：“那不是长城，那是边墙。”“边墙”，是沿袭明代人的称谓，明代人称墙体是“边墙”。现代人沿袭了这个称呼，却不知道边墙就是长城，对他们来讲，那不过是已经挖走了很多，甚至将要全部挖走的一堆残土而已。因此，长城保护，除了国家自上而下地进行保护维修外，还要向长城边的老乡传播关于长城的知识、宣传长城的价值和地位。近几年，国家文物局在长城沿线，建立了“长城保护员”制度，是动员当地民众参与长城保护的有效措施。但长城保护员多非专职，且待遇甚低，亟须改进。

再次，应充分认识到目前是修复长城的最后机会，应积极回收“长城砖”，并辅之以土法烧砖，对拆掉包砖的夯土长城，重新实行砖包。第一，由于长城包砖大多被拆除，夯土在长期风吹雨淋之后，自然会出现侵蚀、崩塌，如果放任下去，将无法遏止长城消失的势头。而重修包砖修复却可以解决这一大问题。第二，当前拥有修复长城的珍贵文献与口述材料。当前不仅保存下来许多明长城的文献、图像资料，而且长城周边的老人仍能清楚地记得所在长城段落的建筑、形状与布局。如果此时对长城进行修复，将能达到很好的复原效果。第三，当前是回流长城砖的好机会。拆毁的长城砖，由于大量仓库、水渠闲

归德堡拆弃城砖（2009 年摄）

旧安边营拆弃城砖（2009 年摄）

置，农民大都外出务工，村中房屋很多都已废弃，甚至坍塌，正是回收长城砖的良机。第四，修复长城也能得到当地民众的支持。拆毁长城，对于当地民众来讲，大都是被动、无奈的，如果现在重新修复他们的家园，一定会得到他们的积极响应。第五，修复长城并不是一项经济负担。长城所在的地区，绝大部分是经济条件较为落后，但旅游资源较为丰富的北方地区，修复长城对于发展当地的旅游业是十分有利的。在广阔、苍凉的大西北，蜿蜒着雄伟、绵延的万里长城，那将是何等荡气回肠的景象啊！

复次，长城保护可以与旅游开发相结合，但一定要遵循开发为了保护的原则，旅游开发不能破坏长城的本来面貌。也就是说，长城开发是为了满足人民群众的文化生活需要，而不是为了短期的经济效益，长城保护与开发应充分尊重、吸收专家学者的建议，坚持可持续发展模式。

最后，要充分调动海内外一切可以调动的力量，充分利用各种民间力量与资源，实现全民保卫长城的目标。所有团体、个人只要有志于保护长城，都可以吸收进来，在国家的统一调配下，各尽所能，最大限度地实现对长城的保护。

总之，希望全社会都能充分认识到长城的崇高地位，意识到长城保护的紧迫性，自觉投身到长城保护中来。以我们的努力，筑成我们新的长城。